Ursula Kopp

BLÜHENDE BALKONE & TERRASSEN

PFLANZENPARADIESE ZUM WOHLFÜHLEN UND GENIESSEN

Ursula Kopp

BLÜHENDE BALKONE & TERRASSEN

PFLANZENPARADIESE ZUM WOHLFÜHLEN UND GENIESSEN

INHALTSVERZEICHNIS

Vorwort 7

MIT RICHTIGER PLANUNG ZUM ERFOLG 9
Gut geplant ist halb gewonnen 10
Blühende Klettergehölze 14
Die perfekte Ausstattung 16

AUSWAHL, KAUF UND PFLANZUNG 23
Blumen für den Balkon 24
Die schönsten Balkonblumen 26
Blühende Kübelpflanzen 28
Zubehör und Werkzeug für den Balkongärtner 30
Alles über Gefäße 32
Substrat und Bepflanzung 34

GESUNDE PFLANZEN BEI OPTIMALER PFLEGE 39
Was alles zu tun ist 40
Pflanzenschutz bei Balkonblumen und Kübelpflanzen 48
Jahresarbeitskalender für den Balkongärtner 50

BALKON UND TERRASSE IDEENREICH GESTALTEN 55
Farbenprächtiger Frühlingsreigen 56
Zwiebelblumen pflanzen 58
Pflanzen nach Lust und Laune 60
Saisonstart für Kübelpflanzen 62
Kein Sommerbalkon ohne Geranien 64
Ein kleiner Rosengarten 68

Wasserspaß auf kleinstem Raum 72

Wasserpflanzen auswählen 74

Mediterrane Träume auf der Terrasse 76

Blütenkaskaden auf Augenhöhe 82

Duftpflanzen – ein sinnliches Erlebnis 86

Ein Balkon, auf dem es blüht und summt 90

American Style auf der Terrasse 94

Schöne Präriepflanzen 96

Spätsommerliches Windspiel mit Gräsern 98

Frische Obsternte aus dem Topf 100

Leckeres Obst 102

Gärtnerspaß und Gaumenschmaus 104

Gemüse pflanzen und pflegen 108

Einen mobilen Würzgarten anlegen 110

Kräuter für den Topf 112

Vertikal gärtnern auf Balkon und Terrasse 116

Dauergäste auf Balkon und Terrasse 120

Pflanzenparadies im Schatten 122

Ein Garten in luftiger Höhe 126

Terrassenhighlight in Grün und Weiß 128

Leuchtendes Saisonfinale im Herbst 130

Schöne Herbstpflanzen 134

Wunderschöne Winterzeit 136

Register 142

Impressum 144

VORWORT

Nicht jeder, der eine neue Bleibe sucht, bezieht gleich ein Haus mit Garten. Wer Glück hat, findet eine Wohnung mit Terrasse oder Gartenmitbenutzung – was allerdings gerade in Großstädten zunehmend zur Mangelware wird. Für naturverbundene Menschen ist jedoch zumindest ein Balkon die Grundvoraussetzung, um sich zu Hause wohlzufühlen. Mit Pflanzen in Kästen, Kübeln und Töpfen lässt sich selbst auf kleinstem Raum eine blühende grüne Oase schaffen. Pflanzen mit Blüten in leuchtenden Farben und unterschiedlichsten Formen verschönern Balkone und Terrassen, und in passenden Gefäßen kommen sie besonders gut zur Geltung.

Die Zeiten, in denen nur Pelargonien (Geranien) und Petunien die Balkonkästen zierten, sind lange vorbei. Heute steht eine riesige Auswahl an Pflanzen zur Verfügung, die die Sehnsucht nach einem Stück Natur auf dem Balkon Wirklichkeit werden lassen – und das zu allen Jahreszeiten. Balkonblumen, Kübelpflanzen, Zwiebelblumen, Gartenstauden und -gehölze: Die Palette der Pflanzen, die sich in Gefäßen kultivieren lassen, wird ständig größer. Zwar kommen die meisten Balkon- und Kübelpflanzen aus wärmeren Ländern, doch mit der wachsenden Begeisterung fürs Balkongärtnern stehen zunehmend auch winterharte Pflanzen aus kühler temperierten Regionen zur Wahl. Grundsätzlich eignen sich alle Pflanzen, die nicht zu stark wachsen und eher flach wurzeln für die Gefäßkultur.

Was vor der Anlage eines Balkon- und Terrassengartens bedacht werden sollte, wird im Kapitel »Mit richtiger Planung zum Erfolg« erläutert. Das Kapitel »Auswahl, Kauf und Pflanzung« soll dem Balkongärtner vermitteln, dass die Balkon- oder Terrassenoase nur gelingt, wenn man bei Auswahl und Kauf der Pflanzen auf Qualität sowie bei der Pflanzung auf Sorgfalt achtet. Das Kapitel zur optimalen Pflege sorgt dafür, dass es im kleinen Pflanzenparadies üppig grünt und blüht.

Das vierte Kapitel enthält zahlreiche Vorschläge, wie sich der Freisitz auf Balkon und Terrasse ideenreich bepflanzen und gestalten lässt. Viele Balkongärtner wünschen sich eine dauerhafte Bepflanzung mit natürlicher Wirkung, die möglichst über viele Jahre hinweg hält und die vom Frühjahr bis zum Wintereinbruch etwas zu bieten hat. Doch auch wer gerne experimentiert und immer wieder etwas Neues ausprobieren möchte, kommt auf seine Kosten: Denn der große Vorteil der »mobilen Gärten« ist, dass man sie jederzeit und ohne großen Aufwand umgestalten kann.

MIT RICHTIGER PLANUNG ZUM ERFOLG

Mit Pflanzen in Kästen, Kübeln und Töpfen lässt sich selbst auf kleinstem Raum ein Pflanzenparadies schaffen. Die Anlage einer blühenden und grünenden Oase auf Balkon und Terrasse muss allerdings gut geplant und sorgfältig vorbereitet werden.

GUT GEPLANT IST HALB GEWONNEN

Die Vorfreude auf die künftige Balkonblumen- und Kübelpflanzenpracht treibt den begeisterten Balkon- und Terrassengärtner im Frühjahr in Gärtnereien, Gartencenter und auf Wochenmärkte. Nur zu leicht kann es dabei allerdings passieren, dass er angesichts der bunten Vielfalt in einen Kaufrausch verfällt, der Misserfolge nach sich ziehen kann. Denn die grundlegende Voraussetzung für einen gelungenen Balkon- und Terrassengarten ist die Schaffung eines Lebensraums, der den jeweiligen Ansprüchen der Pflanzen gerecht wird und in dem sie sich wohlfühlen können. Schließlich soll es dort möglichst – wie auch in einem Garten – von Frühjahr bis Herbst üppig blühen und grünen. Damit das gelingt, sind folgende Überlegungen nötig:

- Wie groß ist die Pflanzfläche, die zur Verfügung steht?
- Welche Lage bietet sie an – vollsonnig, halbschattig oder schattig?
- Welchen äußeren Einflüssen ist sie ausgesetzt (Wind, Regen)? Auch die regionalen Klimabedingungen darf man nicht außer Acht lassen.
- Lassen sich unter den Gegebenheiten vor Ort auch die persönlichen Vorstellungen und Wünsche umsetzen?

Ein Schattenbalkon mit der Hortensie 'Endless Summer', Goldleistengras, Hosta, Straußfarn und Efeu.

Petunien bereichern den Balkon mit ihrer Farbenpracht und Blütenfülle.

Seit Jahrzehnten beliebt: das anspruchslose Löwenmäulchen.

Glockenblumen sind vielseitig einsetzbar und sehr pflegeleicht.

DEN PASSENDEN STANDORT FINDEN

Das Geheimnis des Erfolgs beginnt mit der Wahl des Standorts. Bei der Suche nach dem günstigsten Platz für die Pflanzenauswahl auf Balkon oder Terrasse sollte man zunächst die regionalen klimatischen Bedingungen im Blick haben. Sie werden in erster Linie durch die geografische Lage, die Geländesituation und die unmittelbare Umgebung bestimmt. So sind manche Regionen durch ein raues, regenreiches Klima gekennzeichnet, was die Auswahl der Pflanzen von vorneherein begrenzt. Empfindliche Pflanzen müssen hier an einem geschützten Platz stehen. Auch rund ums Haus unterscheiden sich die klimatischen Bedingungen oft erheblich. Das »Kleinklima« wird zum einen durch die jeweilige Himmelsrichtung und die Licht- und Wärmeverhältnisse, zum anderen durch bauliche Gegebenheiten beeinflusst.

Volle Sonneneinstrahlung den ganzen Tag über bekommen Balkone und Terrassen, die nach Süden ausgerichtet, nicht überdacht oder verbaut sind. Dort wird es insbesondere in den Mittagsstunden warm bis heiß und es muss viel gegossen werden. Emp-findliche Pflanzen können verbrennen. Hier gedeihen deshalb vor allem »Sonnenanbeter«, die die pralle Sonne aushalten können wie Pelargonien, Petunien, Oleander, Wandelröschen, Kapkörbchen, Zitruspflanzen, Elfenspiegel und Löwenmäulchen. Lavendel, Husarenknopf, Bougainvillee, Clematis, Vanilleblume und Bartnelken fühlen sich hier ebenfalls wohl. Aber auch für sie ist ein Sonnenschutz zur Mittagszeit unerlässlich. Für sonnenhungrige Kräuter wie Rosmarin, Salbei, Thymian, Minze und Basilikum ist der Südbalkon ebenfalls der richtige Platz. Optimale Bedingungen bieten Südost- oder Südwestlagen, hier gedeihen – außer schattenliebende – alle Pflanzen.

Ost- und Westbalkone sind nicht der grellen und heißen Mittagssonne ausgesetzt. Der Ostbalkon erhält die weiche Vormittagssonne, der Westbalkon kommt in den Genuss der Nachmittags- und Abendsonne. Hier blühen Fleißiges Lieschen, Eisenkraut, Husarenknopf, Begonie, Fuchsie, Lobelie, Petunie und Glockenblume. Allerdings bietet der Westbalkon als Wetterseite oft Sturm und Regen ungehindert Zugang. Für empfindliche Pflanzen, die leicht abknicken, ist

Mit Männertreu lassen sich ideal Lücken im Balkonkasten füllen.

Ideal für Schatten oder Halbschatten ist die Fuchsie.

Mit dem Fleißigen Lieschen wird der Balkon zum Blumenmeer.

dieser Standort deshalb weniger geeignet. Auch wärmeliebende Balkonblumen gedeihen kaum, wenn sie häufig Regenschauern ausgesetzt sind.

Der Nordbalkon liegt ständig im Schatten. Da hier die direkte Sonneneinstrahlung fehlt, die Regen und Gießwasser abtrocknen lässt, hält sich die Feuchtigkeit oft über lange Zeit in der Erde. Es gibt nur wenige Balkonblumen, die sich unter diesen Bedingungen wohlfühlen, sommerliche Blütenfülle ist nur schwer zu erreichen. Dort gedeihen eher Pflanzen, die Schatten bevorzugen wie Schneeflockenblume, Hortensien, Buchsbäumchen, Fuchsien und Pantoffelblume. Bei viel Lichteinfall können aber auch Fleißiges Lieschen, Elfenspiegel oder Lobelie auf einem Nordbalkon gepflanzt werden. Von Vorteil ist allerdings, dass sich auch mit Schattenpflanzen hier eine elegante grüne, vor allem aber pflegeleichte Kulisse schaffen lässt.

SCHATTEN & KÜHLE FÜR DIE BALKONBEWOHNER

An heißen Sommertagen, wenn insbesondere in den Mittagsstunden die Sonne mit voller Kraft vom Himmel brennt, spenden Sonnenschirme, Markisen und Sonnensegel auf Balkon und Terrasse Pflanzen und Menschen kühlenden Schatten. Damit sie auch Gewittern und Windböen standhalten, müssen sie stabil konstruiert und sicher befestigt sein. Die Stoffe sollten strapazierfähig und witterungsbeständig sein. Empfehlenswert sind imprägnierte Stoffe, die auch einen heftigen Regenschauer abhalten können.

Für Balkone und kleine Terrassen eignen sich Ausleger-Sonnenschirme, deren Schirm sich mittels eines verlängerten Arms je nach Bedarf schwenken lässt.

Eine elegante Lösung sind Sonnensegel, die es in vielfältigen Formen gibt. Mit ihnen können größere Flächen beschattet und angenehm kühl gehalten werden. Komfortable Modelle sind aufrollbar und dadurch vor Sturmschäden geschützt. Meist wird ein Sonnensegel schräg zwischen Hauswand und Boden oder auch der Balkonbrüstung gespannt. Sonnensegel gibt es in Standardmaßen, in der Regel sind es komplette Montagesets, je nach Einsatzort und Bedarf für den Aufbau mit Stangen oder Masten beziehungsweise mit Ösen für die Wandmontage.

Keinen Platz benötigt eine Markise, die sowohl an sehr heißen als auch an regnerischen Tagen ausgefahren werden kann und Sonnen- wie Wetterschutz bietet. Sie wird entweder an der Hauswand oder am Balkon befestigt. Für die Beschattung größerer Freiflächen (zum Beispiel einer Dachterrasse) eignen sich frei stehende Markisen. An der Konstruktion lassen sich verschiedene Beschattungen montieren und die gesamte Anlage kann bei Bedarf überall auf- und abgebaut werden.

GRÜNE VORHÄNGE

Balkon und Terrasse können geheime Rückzugsorte sein, an denen man den Alltag vergessen und seine Freizeit ungestört genießen möchte. Damit man hier

MEIN TIPP

Ob ein Standort für eine bestimmte Pflanze günstig ist oder nicht, zeigt sich besonders deutlich an heißen oder kühlen, nassen Tagen. Erholt sie sich rasch wieder, steht sie am richtigen Platz. Dauert das dagegen sehr lange und leiden einzelne Pflanzenteile, sollte der Standort gewechselt werden.

Diese Markise schützt sowohl vor hoher als auch niedriger Sonneneinstrahlung und verstellt dabei nicht den zauberhaften Blick nach draußen.

Markisen lassen sich sowohl als Sonnen- als auch Wetterschutz (bei kurzen Regenschauern) einsetzen.

nicht wie auf dem Präsentierteller sitzt, sollte man unerwünschte Blicke mit einem attraktiven grünen »Vorhang« wirkungsvoll abhalten.

Kletterpflanzen, die an Spalieren emporranken, sorgen in kurzer Zeit für einen dekorativen Sicht- schutz, halten den Wind ab und nehmen dabei wenig Platz in Anspruch. Für Blickschutz rund ums Jahr sorgen Kletterpflanzen wie zum Beispiel Wilder Wein und immergrüner Efeu. Sie gedeihen auch gut im Halbschatten und Schatten. Geschnitten wird nur, um sie im Zaum zu halten oder kahle Triebe auszu- lichten. Vor allem Wilder Wein ist eine sehr schnell und üppig wachsende Pflanze. Seine herabhängen- den Ausläufer sorgen gleichzeitig für ein wild- romantisches Flair. Das funktioniert natürlich nur dort, wo das rankende Gehölz vom Erdboden aus den Balkon bewachsen kann. Auffallend blühende Kletterpflanzen bilden eher lichte Vorhänge, die dafür aber mit zahlreichen Farbtupfern geschmückt sind. Duftende Arten bieten zusätzlich ein sinnliches Erlebnis. Mehrjährige Arten wie Kletterrosen, Clematis oder Glyzinie entwickeln sich im Laufe der Jahre immer üppiger und können eine Gitterwand vollstän- dig überwachsen. Pflanzen mit dekorativem Laub ergeben in der Regel ein dichtes Blätterdach oder eine undurchdringliche Laubwand. Sie liefern optimalen Sichtschutz und spenden zudem viel Schat-

Die Clematis ist ein sehr dekorati- ver blühender Sichtschutz.

ten. Eine weitere Möglichkeit, einen grünen Blick- schutz anzubringen, sind Spaliere, die mit einjähri- gen Kletterpflanzen begrünt werden, so etwa mit der herrlich blühenden Zierwinde. Einjährige Kletterpflanzen wie die Glockenrebe erreichen innerhalb einer Saison von der Aussaat Ende Februar bis zur Blüte im Sommer Höhen von über drei Metern.

Wenn man nicht warten will, bis frisch gepflanzte Kletterpflanzen hoch und dicht genug sind, können stabile Wände und Gitter aus Holz für Blickschutz sorgen. Sie sind rasch aufgestellt und erfüllen sofort ihren Zweck. Passende Stützpfosten und anderes Zubehör ermöglichen maßgenaue Lösungen für jeden Geldbeutel. Für lange Haltbarkeit sollte man auf eine robuste Holzart und hochwertige Verarbeitung achten. Die Wände platziert man so, dass man sie von beiden Seiten erreichen kann. Zur Pflege werden die Hölzer jährlich eingeölt.

Als Sicht- und Windschutz an Terrassen werden neuerdings häufig Steingitterwände (Gabio- nen) eingesetzt. Sie wirken am schönsten, wenn sie an die Architektur des Hauses angelehnt sind. Aus der ursprünglichen Idee, eine stabile Mauer aus handver- setzten Steinen zu bauen, ent- stand ein Stilelement, das den Charme einer Natursteinwand mit dem modernen Akzent von Stahl zu einer neuen Einheit verbindet.

BLÜHENDE KLETTERGEHÖLZE

Botanischer Name	Deutscher Name	Höhe	Blüte	Blütezeit
Aristolochia macrophylla	Pfeifenwinde	8–10 m	purpurbraun	Juni–Juli
Campsis radicans	Trompetenblume	5–10 m	orangerot	Juli–September
Clematis	Waldrebe	2–3 m	blau, weiß, rosa	Mai–August
Cobaea scandens	Glockenrebe	Bis 4 m	weiß bis violett	Juli–Oktober
Fallopia baldschuanica	Schlingknöterich	bis 10 m	weiß	Juni–Oktober
Hydrangea anomala ssp. *petiolaris*	Kletterhortensie	bis 10 m	weiß	Juni–Juli
Ipomoea tricolor	Prunkwinde	bis 3 m	hell- bis lilablau	Juli–September
Jasminum nudiflorum	Winterjasmin	1–4 m	gelb	Dezember/ Februar–März
Lathyrus odoratus	Duftwicke	bis 2 m	weiß, rosa, lavendel, violett	Juli–Oktober
Lonicera-Arten	Geißblatt	1–6 m	weiß, rot, rosa, gelb	Mai–Juli
Wisteria sinensis	Blauregen	8–10 m	blau, weiß	Mai–Juni

Der Blauregen beeindruckt mit bis zu 80 cm langen Blütentrauben.

Das Geißblatt verströmt einen intensiven, verführerischen Duft.

Mit der Waldrebe lassen sich Spaliere wunderschön beranken.

Die Blüten der Prunkwinde sind morgens am schönsten.

Die Duftwicke zählt zu den beliebtesten Kletterpflanzen.

DIE PERFEKTE AUSSTATTUNG

Neben schönen Pflanzen sind auch der Bodenbelag, das richtige Licht und geeignete Möbel entscheidend für den Wohlfühlfaktor auf Balkon und Terrasse.

DER PASSENDE BODENBELAG

In der Regel ist er vorgegeben und meist eher trist und unattraktiv – wie zum Beispiel graue Beton- oder Pflasterböden. Balkone haben, je nach Ausstattungsniveau der Wohnung, beim Einzug oft nur eine Beton- oder Estrichoberfläche. Zum Teil sind diese zum Schutz gegen Witterungseinflüsse mit Betonfarbe beschichtet oder auch mit Fliesen belegt und können die Wunschvorstellung vom farbenfrohen Pflanzenparadies erheblich beeinträchtigen. Ein weiterer Nachteil ist, dass diese Materialien recht fußkalt sind und sich nicht sonderlich behaglich anfühlen, wenn man im Sommer barfuß auf seinem Balkon unterwegs ist. Schnell stellt sich daher die Frage, wie sich das Ganze ansehnlicher und gemütlicher gestalten lässt. Es bieten sich vielfältige Möglichkeiten und Lösungen an, hier ohne großen Arbeits- und Kostenaufwand Abhilfe zu schaffen.

  Mit Bodenfliesensystemen, die in allen Variationen von Holz bis Kunststoff mit Sandsteinoptik im Baufachhandel erhältlich sind, lassen sich Balkon- und Terrassenböden verschönern oder »auffrischen«. Holzfliesen verwandeln kalte Steinböden in einen warmen Untergrund, auf dem sich nackte Füße wohlfühlen. Die Holzplatten sind wetterfest und bekommen von Wind, Sonne und Regen eine schöne Patina. Sie werden einfach aneinandergesteckt und sind im Handumdrehen verlegt. Im Herbst nimmt man die Holzfliesen wieder auseinander und räumt sie ein. Auch mit einem Belag aus Kunstrasen lässt sich der Balkon umgestalten. Kunstrasen ist einfach zu verlegen, preiswert und fühlt sich auch barfuß weich und warm, fast wie ein Teppich an. Allerdings saugt er sich schnell mit Wasser voll und trocknet nur langsam, sodass der Balkon schnell zur »Feuchtwiese« wird. Dies kann zu Schäden am Beton/Estrich oder zu Schimmelbildung führen. Es empfiehlt sich

Ein Bodenbelag aus Holz wirkt rustikal und gemütlich. Mit den Jahren wird er immer schöner.

Ein heller Steinboden lässt die Terrasse größer erscheinen und schafft eine kühle Atmosphäre.

deshalb, einen hochwertigen Belag zu verwenden. Er sollte möglichst gut verarbeitet und mit einer Perforation versehen sein, damit Regen- und Gießwasser ablaufen können und der Rasen auf der Ober- und Unterseite gut abtrocknen kann.

STIMMUNGSVOLLES LICHT

Um schöne, laue Sommerabende auch draußen zu verlängern, sind Lichter unverzichtbar. Die Möglichkeiten, Balkon und Terrasse ins rechte Licht zu setzen, sind nahezu unbegrenzt. Bei der Ausleuchtung mit Strom gibt es eine Vielzahl von Möglichkeiten. Es ist durchaus sinnvoll, Lampen an verschiedenen Plätzen anzubringen, denn die Atmosphäre auf dem Balkon oder der Terrasse wechselt je nachdem, welches Licht man gerade nutzt. Vor dem Kauf ist zu bedenken, welchen Zweck die Beleuchtung später erfüllen soll. Mit sehr hellen LED-Leuchten ist es möglich, auch nach Einbruch der Dunkelheit zu lesen oder Party- und Grillabende zu veranstalten. Sie haben jedoch den Nachteil, dass Balkon oder Terrasse dadurch sehr gut einsehbar sind, außerdem zieht helles Licht gerade im Sommer diverse

Insekten an. Geht es um eine rein dekorative Lichtgestaltung, kann man sich zwischen verschiedenen Lampen mit Dimmer entscheiden. Diese lassen sich beispielsweise mit Lichterkugeln und -schläuchen stilvoll in der Balkonbepflanzung oder an der Brüstung in Szene setzen. Die Beleuchtung sollte immer so ausgewählt werden, dass das Licht auch auf der kleinsten Stufe zumindest noch eine Orientierungsmöglichkeit bietet. Für sehr große Balkone und

Kugelleuchten sorgen für sanftes Licht auf der Terrasse und passen auch in kleine Ecken.

Kugelleuchten und Punktstrahler setzen Akzente und machen die Terrasse fast zu einer Theaterbühne.

Einfach und stimmungsvoll: Kerzen und Teelichter sorgen für romantisches Flair auf dem Balkon.

Terrassen bietet sich eine feste Lampeninstallation an, wobei sogar effektvolle Bodeneinbauleuchten möglich sind. Ist der Balkon mit einem Dachüberstand ausgestattet, kann man diesen auch sehr schön als Lichtträger verwenden. Mit Solarlampen lässt sich ebenfalls ganz einfach Licht auf den Balkon zaubern – Voraussetzung ist allerdings, dass dieser zumindest zeitweise Sonnenlicht abbekommt, damit sich die Solarlampen in den hellen Stunden des Tages aufladen können und später die ganze Nacht hindurch leuchten.

Doch nicht jeder hat einen Außen-Stromanschluss oder empfindet elektrisches Licht als stimmungsvoll. Wer Kerzen als einzige Lichtquelle einsetzen möchte, sucht sich am besten große, stabile Exemplare aus, die mit einem robusten Docht auch für den Outdoor-Gebrauch geeignet sind. Diese Kerzen halten zwar keinen Regen, aber zumindest einen kleinen Windstoß aus. Kerzen mit hellem Wachs spenden besonders viel Licht und eignen sich deshalb perfekt für späte Abende auf Balkon und Terrasse. Auch Windlichter lassen sich wunderbar einsetzen, denn sie sorgen für besonders schönes Licht und

haben gleichzeitig einen dekorativen Charakter. Eine weitere Möglichkeit sind Gaslampen, die ein warmes und gemütliches Licht geben. Man muss sich dazu nicht eigens eine 20-Liter-Gasflasche auf den Balkon oder die Terrasse stellen. Im Baumarkt sind Gaslampen erhältlich, die mit kleinen Kartuschen (etwa 1 l Fassungsvermögen) funktionieren und sich unauffällig auf Balkon oder Terrasse platzieren lassen.

Mit ein paar Kissen lässt sich gestapeltes Holz zu einer gemütlichen Sitzbank umfunktionieren.

MÖBEL FÜR DAS »GRÜNE ZIMMER«

Möbel sind ein wichtiges Gestaltungselement und sollten im Stil zum bepflanzten Freisitz passen, denn sie tragen wesentlich zu dessen Anziehungskraft bei. Darüber hinaus müssen sie in Form und Größe im richtigen Verhältnis zum zur Verfügung stehenden Raum ausgewählt werden, denn die meisten Balkone sind nicht unbedingt großzügig dimensioniert. Manche sind gerade einmal so groß, dass man sich mit einem Klappstuhl hinsetzen kann und vielleicht auch noch ein Beistelltischchen Platz findet. Wichtig sind bequeme Sitzmöbel, auf denen man sich gut entspannen kann. Auch auf das Material ist zu achten, da Möbel, die überwiegend im Freien stehen, witterungsbeständig sein müssen.

Klassisch sind Gartenmöbel aus Holz, sie strahlen Wärme und Gemütlichkeit aus. Die Auswahl an unterschiedlichsten Holzarten ist groß, jedes Holz hat seine besonderen Eigenschaften und sein spezielles Aussehen. Aus Gründen des Umweltschutzes sollten Sie jedoch darauf achten, keine Möbel aus Tropenholz zu kaufen. Bedenken Sie auch, dass Holzmöbel meist schwer sind, in der Regel mehr Platz brauchen und sich vor allem für die Terrasse eignen. Korbmöbel werden aus Weidenpflanzen hergestellt, aufgrund ihrer Elastizität halten sie auch einer starken Beanspruchung stand. Aluminiummöbel

Mediterrane Korbmöbel sind leicht, bieten Sitzkomfort und sind ideal für die Terrasse geeignet.

Gartenmöbel aus Aluminium sind besonders leicht, robust und auch kostengünstig.

Gusseiserne Gartenmöbel sind unverwüstlich und halten eine kleine Ewigkeit.

punkten durch ihr geringes Gewicht, verfügen aber dennoch über eine extreme Stabilität. Vor allem in Kombination mit Holz erhalten sie ein elegantes Design. Filigrane Eisenmöbel müssen auf breiten Füßen stehen, da sie sich sonst in den Fugen des Belags verhaken können.

Grundsätzlich bieten sich für Balkone leichte Möbel an, die sich auch stapeln oder zusammenklappen lassen. Eine Alternative bieten auch Sitzbänke mit gut gepolsterten Auflagen. Sie sind meist nur 45 Zentimeter tief und bieten neben der Sitzgelegenheit nützlichen Stauraum. Unter den Bänken lassen sich in Körben Balkonutensilien wie Pflanzentöpfe, Bindegarn sowie Blumenkelle, Rosenschere und

Harke unterbringen – alles, was man für das Gärtnern auf dem Balkon und der Terrasse braucht. Dadurch wirkt der Balkon aufgeräumt und es bleibt genügend Bewegungsspielraum.

SICHERHEIT UND RECHT AUF DEM BALKON

Mit der Bepflanzung von Balkonen sind auch einige Rechtsfragen verbunden. Bei einer Miet- oder Eigentumswohnung in einer Wohnanlage kann der Mieter (oder Eigentümer) den zugehörigen Balkon grundsätzlich frei nach seinen Vorstellungen und Bedürfnissen nutzen und gestalten, sofern dadurch nicht die Rechte bzw. Bedürfnisse des Hauseigentümers und/oder der Nachbarn beeinträchtigt werden. Unabhängig von Mietverträgen oder speziellen Regeln in einer Eigentümergemeinschaft gilt grundsätzlich:

- Der Balkon einer Eigentumswohnung gehört zum Gemeinschaftseigentum, seine Gestaltung bzw. Bepflanzung unterliegt der jeweiligen Gemeinschaftsordnung.

- Sind im Rahmen der Bepflanzung bauliche Veränderungen vorgesehen – zum Beispiel Rankgitter –, so muss dies schriftlich mit dem

MEIN TIPP

Gartenmöbel aus Holz brauchen Pflege. Alle 3–4 Jahre sollten sie abgeschmirgelt und gebeizt oder mit wetterfestem Lack versehen werden. Kleine Schäden lassen sich mit Holzkitt ausbessern.

Vermieter bzw. der Eigentümergemeinschaft abgeklärt werden.

- Ob Balkonkästen und andere Pflanzgefäße aus Sicherheitsgründen (außer im Erdgeschoss) auch außen angebracht werden dürfen, entscheidet oft der Hauseigentümer, die Eigentümergemeinschaft oder die Hausordnung. Ist es erlaubt, müssen sie immer ordnungsgemäß befestigt sein, sodass sie auch bei starkem Wind nicht herabfallen können.

- Sollen besonders viele oder schwere Pflanzgefäße aufgestellt werden, müssen die Tragfähigkeit und die Statik des Balkons von einem Fachmann genau geprüft werden.

- Die Bepflanzung darf das Äußere (die Fassade) der Wohnanlage nicht verunstalten bzw. schädigen. Dieser Punkt ist besonders zu beachten, wenn man Balkon oder Terrasse mit Kletterpflanzen wie Knöterich, Efeu oder Blauregen begrünen möchte, die Mauerwerk schädigen können. Bei Selbstklimmern wie dem Wilden Wein ist zu bedenken, dass sich die Haftorgane der Pflanzen nur schwer wieder von Wänden entfernen lassen.

- Das Gießen der Pflanzen muss so erfolgen, dass benachbarte Balkone, die Hausfassade oder Passanten nicht durch Gießwasser beeinträchtigt bzw. geschädigt werden. Gießen Sie deshalb nicht zu viel auf einmal oder verwenden Sie Pflanzgefäße, die Wasser speichern können.

- Achten Sie darauf, dass möglichst keine Pflanzenabfälle, die bei der Pflege anfallen, auf benachbarte Balkone oder das Gemeinschaftseigentum fallen.

Hier steht sie sicher und fühlt sich wohl: Die Schwarzäugige Susanne mag es sonnig und geschützt.

AUSWAHL,
KAUF UND PFLANZUNG

Die Auswahl der Pflanzen richtet sich nach den Gegebenheiten des vorgesehenen Standorts. Damit die Freude an der Balkon- und Terrassenbepflanzung lange währt, sollten Sie bereits beim Kauf auf gute Qualität achten. Mit den passenden Gefäßen und dem optimalen Substrat kann dann ein kleines Pflanzenparadies entstehen.

BLUMEN FÜR DEN BALKON

Längst sind die Zeiten vorbei, in denen nur Geranien und Petunien die Balkone schmückten. Eine Vielzahl von Einjahresblumen, Stauden und Gehölzen, die bislang nur im Garten zu finden waren, haben Einzug in Kästen, Kübel, Tröge, Töpfe und Schalen auf Balkon und Terrasse gehalten. Klassische Balkonblumen sind kleine Blühwunder, die den ganzen Sommer für farbenprächtigen Blütenflor sorgen. Sie sind nicht winterhart und werden am Ende der Saison ins Überwinterungsquartier geholt oder weggeworfen. Immer beliebter werden auch in Gefäße gesetzte Gartenpflanzen. Sie blühen zwar nicht den ganzen Sommer lang, aber dafür werden der Balkon und die Terrasse zum Naturerlebnis. Einjährige Blumen und Gräser, aber auch mehrjährige Stauden und Zwiebelpflanzen entfalten und verändern sich mit der Zeit. Sie sorgen immer wieder für Überraschungen, etwa mit schönen Fruchtständen oder Beerenansatz im Herbst.

Grundsätzlich eignen sich für die Gefäßkultur Pflanzen mit flachen Wurzeln besser als solche mit tiefen Wurzeln. Viele Gartenpflanzen wurden züchterisch bearbeitet und somit »balkontauglich«. So entstanden widerstandsfähige Sorten, die das Klima eines Stadtbalkons besser verkraften.

WO KAUFT MAN DIE PFLANZEN AM BESTEN?

Etwa ab Mitte April ist in Gärtnereien, Gartencentern, Baumschulen und auf Wochenmärkten eine große Auswahl an Balkonblumen zu finden. Das Angebot ist heute so reichhaltig, dass es relativ leicht ist, Balkonschmuck zu finden, an dem man sich rund ums Jahr erfreuen kann. Für die Bepflanzung ist auch keine große Planung erforderlich, da man die Blumen gleich beim Kauf je nach Geschmack nach Farben und Formen kombinieren kann. Blühende Pflanzen sind zwar teurer als Jungpflanzen oder Samen, lassen sich aber schnell und ohne Vorbereitung pflanzen. Der Versandhandel bietet neben Sämereien auch bewurzelte Stecklinge und Fertigware an. In Fachgärtnereien wird man ausführlich beraten, sowohl was die Auswahl als auch was die Qualität der Pflanzen angeht. Frühjahrspflanzen sind blühend ab Dezember, Sommerblumen ab April und Herbstblumen im Sommer im Handel.

Die Qual der Wahl: Im Frühjahr ist die Auswahl an Balkonpflanzen am größten.

Hochwertige Pflanzen erkennt man:
- am buschigen Wuchs mit gleichmäßig langen Trieben.
- am gesunden Blattwerk. Flecken oder abgeknickte Stängel weisen auf schlechte Lager- und Transportbedingungen hin.
- an einem gut durchwurzelten Ballen, der weder zu feucht noch zu trocken sein sollte. Zieht man den Ballen aus dem Topf, müssen die außen am Ballen erkennbaren Wurzeln hell und reich verzweigt sein.
- am insgesamt kräftigen Aussehen mit reichem Knospenansatz, damit die Blüte nach der Pflanzung nicht allzu lange auf sich warten lässt.
- Die Pflanzen sollten mit einem Etikett versehen sein, das den botanischen Namen und die jeweilige Sorte angibt.

Bei langlebigen und meist teuren Kübelpflanzen empfiehlt sich beim Kauf besondere Sorgfalt. Am besten kauft man sie in einem guten Fachbetrieb. Auch ist es ratsam, sich eine Checkliste anzulegen.

- Welche Standortbedingungen kann man den Pflanzen bieten (Klima, Licht)?
- Braucht die Pflanze viel Platz und verträgt sie einen Rückschnitt (Wuchsform, Höhe)?
- Steht ein geeignetes Winterquartier zur Verfügung (Keller, Garage, Treppenhaus)?
- Kann man auch im Winter die Bedürfnisse der Pflanzen erfüllen?
- Ist die Pflanze robust gegen Schädlinge oder zieht sie diese an?
- Stellt die Pflanze für Kinder oder Heimtiere eine Gefahr dar (Dornen, hautreizender Milchsaft)?
- Legt man Wert auf lange Blühdauer und Duft?

Für den »Kübelpflanzen-Anfänger« empfehlen sich ältere Fertigpflanzen statt Jungpflanzen (meist Stecklinge oder Sämlinge der Saison oder des Vorjahres). Sie sind zwar teurer, blühen und wachsen aber schneller und auch der Pflegeaufwand fällt geringer aus. Beim Kauf schaut man sich die Pflanzen genau an, sie sollten folgende Bedingungen erfüllen:

- Stamm und Äste sind gut verholzt und bilden eine schöne Wuchsform.
- Das Substrat im Topf besteht aus lockerer, leicht feuchter und unkrautfreier Blumenerde.
- Der Erdballen ist gut durchwurzelt. Die Wurzeln sind hell (schwarze sind bereits abgestorben) und liegen im – nicht unter – dem Topf.
- Der Laubaustrieb ist kräftig (mit sattgrünen Blättern). Die Blätter weisen keine Schäden oder Schädlinge auf – prüfen Sie die Blattunterseiten.

PFLANZEN VORSICHTIG TRANSPORTIEREN

Der Transport neu gekaufter Pflanzen nach Hause sollte immer möglichst schonend und schnell erfolgen. Achten Sie dabei besonders auf längere oder bruchgefährdete Triebe. Damit Kübelpflanzen nicht verletzt werden, transportiert man sie am besten in einer fachgerechten Verpackung. Kleinere Pflanzen stellt man wegen der Standfestigkeit in ein Behältnis (Karton oder Kiste). Größere Pflanzen werden je nach Ausmaß stehend oder liegend transportiert. Damit keine Zweige abbrechen, umhüllt man die Pflanze mit einem Plastiksack oder bindet die Zweige vorsichtig zusammen. Beim liegenden Transport steckt man den Topf in einen Plastiksack und bindet diesen zu. Zu Hause werden die Pflanzen bis zum Eintopfen oder Aufstellen am endgültigen Standort zunächst an einen halbschattigen Platz im Freien gebracht und bei Bedarf gewässert. Auf keinen Fall darf man sie in die pralle Sonne stellen, denn die Jungpflanzen sind noch nicht genügend abgehärtet und brauchen einige Tage zum Eingewöhnen.

Auch Kübelpflanzen stehen in großer Vielfalt zur Verfügung.

DIE SCHÖNSTEN BALKONBLUMEN

Botanischer Name	Deutscher Name	Blüte	Standort
Anemone blanda	Anemone	weiß, himmelblau, blau-rosa, violett; März/April	sonnig bis halbschattig; vor Spätfrösten schützen
Brachyscome iberidifolia	Australisches Gänseblümchen	weiß, rosa, blau, violett; Juli bis September	vollsonnig
Convolvulus sabatius	Blaue Mauritius	hellblau bis violett; Mai bis Oktober	sonnig
Erica carnea	Schneeheide	weiß, rosa- und rotviolett; Dezember bis April	sonnig bis halbschattig
Fuchsia-Hybriden	Fuchsie	rosa, pink, violett, auch zweifarbig; Mai bis Oktober	halbschattig bis schattig; luftig
Heliotropium arborescens	Vanilleblume	blau, violett, weiß; Mai bis Oktober	sonnig bis halbschattig; regengeschützt
Lobelia erinus	Männertreu	dunkelblau, weiß; Mai bis Oktober	sonnig, halbschattig, schattig
Muscari ssp.	Traubenhyazinthe	blau, weiß; März bis Mai	sonnig bis halbschattig; vor Spätfrösten geschützt
Nemesia-Hybriden	Elfenspiegel	weiß, gelb, orange, rot, blau; Juni bis September	sonnig bis halbschattig; windgeschützt
Osteospermum ecklonis	Kapkörbchen	gelb; Juli bis September	vollsonnig; regengeschützt
Pelargonium-Hybriden	Pelargonie	rot, rosa, lachs, violett; Mai bis Oktober	sonnig bis halbschattig
Petunia-Hybriden	Petunie	gelb, weiß, rot, violett, blau; Mai bis Oktober	sonnig bis halbschattig; windgeschützt
Primula ssp.	Primel	in allen Farben und Farbvarianten; März bis Mai	halbschattig
Sanvitalia procumbens	Husarenknopf	gelb; Mai bis Oktober	sonnig bis halbschattig
Scaevola saligna	Fächerblume	blauviolett; April bis Oktober	sonnig bis halbschattig
Tropaeolum-Hybriden	Kapuzinerkresse	gelb, orange, rot; Juni bis Oktober	sonnig
Zinnia elegans	Zinnie	weiß, gelb, lachs, rot; Juli bis Oktober	sonnig; windgeschützt

Zahlreiche zarte Blüten zieren das Australische Gänseblümchen über viele Monate hinweg.

Die einjährigen Zinnien sind eine nektarreiche Bienenweide.

Ein echter Hingucker auf dem Balkon ist die Fächerblume.

Vielseitig einsetzbar: der üppig blühende Husarenknopf.

Die Blaue Mauritius bezaubert mit intensiv blauen Blüten.

Die leuchtenden Blüten des Kap-körbchens schließen sich bei Regen.

BLÜHENDE KÜBELPFLANZEN

Botanischer Name	Deutscher Name	Blüte	Standort
Abutilon ssp.	Schönmalve	rot, orange, gelb; ganzjährig bei hellem Stand	hell; wind- und regengeschützt
Agapanthus-Hybriden	Schmucklilie	weiß, blau, blauviolett; Juli bis September	vollsonnig
Anisodontea capensis	Kapmalve	dunkelrosa; Juni bis September	sonnig
Argyranthemum frutescens	Strauchmargerite	weiß, gelb, rosa; April bis Oktober	hell bis sonnig
Bougainvillea-Hybriden	Bougainvillee	lila, weiß, gelb orange, rot; Mai bis Oktober	vollsonnig; windgeschützt
Brugmansia ssp.	Engelstrompete	weiß, gelb; Mai bis Oktober	sonnig
Caryopteris × clandonensis	Bartblume	blau; Juli bis September	sonnig; windgeschützt
Cestrum ssp.	Hammerstrauch	rosa, rot, gelb; April bis Oktober	sonnig
Clematis-Hybriden	Waldrebe	blau, blauviolett; April bis September	hell bis halbschattig
Erythrina crista-galli	Korallenstrauch	leuchtend rot; Juli bis Oktober	vollsonnig; heiß
Hebe-Andersonii-Hybriden	Strauchveronika	weiß, karminrot, blauviolett; Juli/September	hell; wind- und regengeschützt
Hibiscus rosa-sinensis	Chinesischer Roseneibisch	weiß, gelb, orange, rosa, rot; März bis Oktober	sonnig; wind- und regengeschützt
Hydrangea macrophylla	Hortensie	weiß, rosa, rot, blau; März bis Juli	halbschattig
Lagerstroemia indica	Kreppmyrte	weiß, rosa, rot, violett; August bis Oktober	sonnig; windgeschützt
Lavandula angustifolia	Echter Lavendel	blauviolett; Juni bis September	sonnig
Nerium oleander	Oleander	weiß, gelb rosa, lachs, rot; Juni bis Oktober	sonnig; heiß, regengeschützt
Passiflora ssp.	Passionsblume	violett-blauweiß, weiß-purpur; Juni bis September	sonnig

Mediterrane Kübelpflanzen wie die Bougainvillee müssen im Herbst ins Winterquartier umziehen.

Die Schönmalve zählt zu den dankbarsten Kübelpflanzen überhaupt.

Die blauen Blütenbälle der Schmucklilie zieren im Sommer Balkon und Terrasse.

MEIN TIPP

Beim Kauf von Balkonpflanzen lässt sich Geld sparen, wenn man nicht die am üppigsten entwickelten Exemplare, sondern kleinere Exemplare aussucht. Bei guter Pflege holen diese den Wachstumsrückstand meist schnell auf.

Von der Strauchmargerite gibt es auch zartrosa Formen.

ZUBEHÖR UND WERKZEUG FÜR DEN BALKONGÄRTNER

Auch zum Gärtnern auf Balkon und Terrasse braucht man zum Pflanzen und Pflegen das richtige Werkzeug. Es sollte gut in der Hand liegen, robust und auf die besonderen räumlichen Verhältnisse abgestimmt sein.

GIESSKANNEN

Zum Bewässern der Pflanzen ist es vor allem auf dem Balkon einfacher, mehrere kleine Gießkannen einzusetzen als eine große, die gefüllt sehr schwer und unhandlich ist. Besonders geeignet ist eine Kanne mit langer Tülle, mit der man gezielt gießen kann. Für ein behutsames Wässern von Samen und Jungpflanzen braucht die Gießkanne einen Brausekopf. Wer auf der Terrasse einen Wasseranschluss hat, kann große Kübelpflanzen auch mit dem Schlauch wässern.

HANDSCHAUFEL UND -GABEL

Um das Substrat aufzulockern und Pflanzlöcher für neue Pflanzen auszuheben, benötigt man eine Handschaufel und -gabel. Geräte aus Edelstahl sind langlebig, mit Holzgriff liegen sie angenehm in der Hand und sehen auch noch schön aus.

WEITERE UTENSILIEN

Auch im Balkon- und Terrassengarten muss übers Jahr ausgelichtet bzw. geschnitten werden. Hier empfiehlt sich eine gute Rosenschere. Sie muss ab und zu gereinigt, geschliffen und geölt werden.

Zur *Aussaat* von Gemüse verwendet man am besten Kokosfasertöpfe. Sie werden mitsamt den Sämlingen eingepflanzt und verrotten im Lauf der Zeit.

Gartenwerkzeug für den Balkongärtner: Kralle, Grubber, Unkrautstecher, Handschaufel, Zwiebelpflanzer, Handsäge, Heckenschere, Putzlappen, Drahtbürste und Wurzelbürste.

Halterungen für Balkonkästen sollen nicht nur zu den Kästen, sondern auch zum Balkongeländer passen. Praktisch und kostengünstig sind verstellbare Halterungen, die an unterschiedlichen Geländern angebracht werden können. Einfache Modelle kann man problemlos an der Brüstung einhängen, Modelle mit Abstandshaltern lassen keinen Kontakt der Kästen mit dem Geländer zu, so werden Kratzer und andere Schäden – sowohl am Kasten als auch am Balkongeländer – vermieden. Besonders praktisch sind versenkbare Halterungen, die fast unsichtbar sind. Die meisten Balkonkastenhalterungen sind aus pulverbeschichtetem Metall und in verschiedenen Farben erhältlich, sodass man sie zum Beispiel passend zur Geländerfarbe wählen kann.

Wichtig ist vor allem, dass die Halterungen das Gewicht des gefüllten Blumenkastens sicher tragen, insbesondere wenn die Erde nach Regen nass und schwer ist. Sie muss deshalb immer der Größe und dem Gewicht des gefüllten Kastens angepasst sein. Am besten lässt man sich dazu im Fachhandel beraten.

Gartenhandschuhe sollten strapazierfähig, aber auch »feinfühlig« sein, sodass man beim Pflanzen und Ausputzen die Pflanzen nicht beschädigt.

Und nicht zuletzt gilt: Jede Balkon- und Terrassenpflanze gewinnt zusätzlich, wenn sie in einem schönen und zu ihr passenden Gefäß steht.

Das wichtigste Zubehör für eine Bepflanzung mit Zwerggehölzen und Zwiebelblumen.

Ein Balkonkasten mit Zwiebelblumen und Frühjahrsblühern zaubert Frühlingsstimmung auf den Balkon.

Tontöpfe lassen sich dekorativ als Behälter für Utensilien mit Bändern aufhängen.

ALLES ÜBER GEFÄSSE

Mit Ornamenten gestaltete Terrakotta-Pflanzgefäße vermitteln mediterranes Flair.

KLEINE GEFÄSSKUNDE

Der Fachhandel hat eine große Auswahl an Kästen, Kübeln, Töpfen und Schalen im Angebot, in unterschiedlichen Materialien und Preislagen. Neben dem persönlichen Geschmack und der Umgebung, in der sie stehen sollen, sind die wichtigsten Auswahlkriterien Material, Größe, Gewicht, Form und Preis. Grundsätzlich sollte jedes Pflanzgefäß ausreichend Platz für das Substrat und die Wurzelbildung bieten. Bei zu kleinen Gefäßen besteht die Gefahr, dass die Pflanzen vertrocknen, da zu wenig feuchtigkeitsspeicherndes Substrat eingefüllt werden kann. Abzugslöcher verhindern, dass sich bei Regen und kräftigem Wässern Staunässe bildet und die Wurzeln verfaulen. Sollen Pflanzgefäße im Winter im Freien bleiben, müssen sie frostfest sein.

Holzkästen sind nicht allzu schwer und frostbeständig. Sie sind allerdings teuer, je nach Holzart anfällig für Feuchtigkeit und dementsprechend pflegeintensiv. Hübsche Holzverkleidungen von einfachen Pflanzgefäßen lassen sich auch ganz einfach selbst schreinern.

Kunststoffgefäße sind leicht, witterungsbeständig, preiswert und stehen heute im Gegensatz zu früher auch in durchaus attraktiven Formen zur Auswahl (zum Beispiel Terrakotta-Imitationen). Kübelpflanzen sind in einfachen Plastikkübeln sehr gut aufgehoben, da sie sich in ihnen am besten kultivieren lassen. Man kann sie je nach Geschmack in dekorative Übertöpfe stellen.

In der kleinen edlen Zinkwanne kommen Traubenhyazinthe, Primel, Maßliebchen und Hornveilchen doppelt gut zur Geltung.

MEIN TIPP

Pflanzgefäße aus Holz sollten auf Ziegelsteine, Holzblöcke oder einen Rost gestellt werden, damit unter dem Gefäßboden die Luft zirkulieren kann und er nicht fault.

In *Terrakotta-Gefäßen* sehen Balkon- und Terrassenpflanzen sehr schön aus, da diese südliches Flair vermitteln. Es gibt sie rund und eckig, schlicht rustikal oder mit Ornamenten verziert. Ihre porösen Wände lassen die Pflanzenwurzeln gut atmen. Sie besitzen jedoch ein beträchtliches Eigengewicht, sind nicht bruchfest, häufig auch nicht frostfest und nicht zuletzt recht teuer.

Metallgefäße, zum Beispiel aus Zink mit silbriger oder geschwärzter Oberfläche, sieht man heute öfter. Sie haben allerdings den Nachteil, dass sie sich in der Sonne stark aufheizen und die Wurzeln der Pflanzen verbrennen können. Man stellt sie deshalb eher an einem schattigen Platz auf. Auch sie müssen unbedingt ein Abzugsloch haben.

Für alle Pflanzgefäße gilt, dass ihre Standfestigkeit (Kübel und Töpfe) bzw. Aufhängung (Balkonkästen) gesichert sein muss. Für Balkonkästen gibt es verstellbare Winkelhalter. Ist genügend Platz auf dem Balkon, lassen sich die Kästen auch nach innen hängen.

GEFÄSSE VORBEREITEN

Vor der Bepflanzung müssen Balkonkästen, Kübel und Töpfe sorgfältig gereinigt werden. Man wäscht sie mit handwarmem Wasser aus, gebrauchte Gefäße befreit man mit einer Scheuerbürste von Erde und Kalkablagerungen. Hartnäckige Verkalkungen lösen sich leichter, wenn dem Wasser ein Schuss Essig hinzufügt wird. Wenn nicht schon vorhanden, müssen Abzugslöcher in die Gefäßböden gebohrt werden, damit überschüssiges Wasser gut ablaufen kann, denn Staunässe lässt die Pflanzen schnell faulen. Bei kleinen Töpfen genügt ein einzelnes centgroßes Loch, bei größeren Kübeln sind mehrere Abzugslöcher nötig. Balkonkästen sollten pro Meter etwa sechs Bodenöffnungen haben.

MEIN TIPP

Neue Tongefäße sollte man vor dem Bepflanzen einige Tage wässern. Sind die Gefäßwände gleichmäßig durchfeuchtet, kann der Topf dem Wurzelballen nicht gleich nach der Pflanzung wertvolles Wasser entziehen.

In Form geschnittene immergrüne Pflanzen wirken in weißen Steingefäßen sehr edel.

Pflanzgefäße aus Terrakotta sollten von guter Qualität, vor allem aber frostsicher sein.

SUBSTRAT UND BEPFLANZUNG

Im Frühjahr sollte man seinen Pflanzen auf jeden Fall frische Erde gönnen. Wer das Substrat vom vergangenen Jahr weiterverwendet, riskiert, dass Krankheiten oder Schädlinge, die sich im Vorjahr in der Erde eingenistet haben, auf die neuen Pflanzen übertragen werden.

DAS RICHTIGE SUBSTRAT

Eine gute Erde hat einen möglichst hohen Humusgehalt. Er sorgt dafür, dass die Nährstoffe gespeichert werden und die Erde gut belüftet ist. Grundsätzlich ist zu sagen, dass es sich lohnt, ein paar Euro mehr für die Erde auszugeben, die Balkonpflanzen danken es mit kräftigem Wuchs und reicher Blüte. Dass man nur torffreie Produkte kauft, um die Umwelt zu schonen, ist mittlerweile schon selbstverständlich.

Das Substrat muss vor allem den individuellen Ansprüchen der Pflanze genügen und darüber hinaus die folgenden Kriterien erfüllen. Es muss:
• den Pflanzen festen Halt geben,
• sie mit den wichtigsten Nährstoffen und Spurenelementen versorgen,

• Wasser und Nährstoffe speichern und sie nach Bedarf an die Pflanzen abgeben,
• auch bei Dauerbepflanzungen luftdurchlässig und locker bleiben,
• frei von Unkrautsamen, Schädlingen und Krankheitserregern sein.

Einheitserde mit 30 Prozent Tonanteil eignet sich bestens für alle Zierpflanzen auf Balkon und Terrasse. Sie wird heute von den meisten Gärtnern verwendet. Einheitserde ist teurer als andere Pflanzerden, hält aber wegen des Tonanteils die Nährstoffe gut und gewährleistet eine ausgewogene Wasserversorgung der Pflanzen. Einheitserde enthält außerdem reichlich Nährstoffe, sodass im Unterschied zu anderen Handelserden keine Grunddüngung nötig ist. Spezialblumenerde ist meist überflüssig, wichtig ist nur, dass die Erde Stickstoff und Phosphor enthält. Allerdings gibt es einige Pflanzen, bei denen Spezialerde eingesetzt werden sollte. Rhododendren und Moorbeetpflanzen benötigen beispielsweise einen sauren Boden mit niedrigem pH-Wert. Insbesondere wer nicht einheimische Pflanzen einsetzen möchte, lässt sich beim Kauf der Erde am besten vom Fachmann beraten.

Für Kräuter gibt es spezielle Kräutererde, denn besonders mediterrane Kräuter haben besondere Anforderungen an den Boden und mögen es oftmals eher sandig und kalkhaltig. Setzt man sie in Erde, die zu nährstoffreich ist, gedeihen sie nicht richtig und werden krank.

Das Substrat muss grundsätzlich auf die Bedürfnisse der jeweiligen Pflanzen abgestimmt sein.

Rhododendron besticht mit kräftigen Blütenfarben und immergrünem Laub. Er braucht unbedingt saure Erde.

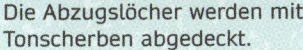

Die Abzugslöcher werden mit Tonscherben abgedeckt.

Fingerspitzengefühl ist gefragt, wenn man die Pflanzen behutsam aus dem Kulturtopf löst. Dann verteilt man sie auf dem Substrat im Kasten.

Um nicht zu viel oder zu wenig Erde einzukaufen, sollte man vor dem Gang zum Gartencenter kurz überschlagen, wie viel Substrat man benötigt. Beispielsweise braucht man für einen 40 cm langen Balkonkasten etwa 12 Liter Erde. Entsprechend ist bei einem 1 m langen Kasten mit etwa 30 Litern zu rechnen. Ein Blumenkübel mit 46 cm Durchmesser kann etwa 40 Liter Erde aufnehmen.

BALKONBLUMEN RICHTIG PFLANZEN

Ein 1 Meter langer Blumenkasten bietet Platz für fünf bis sieben Pflanzen. Zunächst erscheint die Bepflanzung vielleicht noch etwas lückenhaft, aber je nach Art, Sorte und Pflege legen die Pflanzen in kurzer Zeit kräftig an Größe zu und füllen das Gefäß aus. Wenn Sie Sommerblumen kaufen, sollten die Pflanzen kräftig und gut entwickelt sein sowie bereits blühen.

Um den Wasserabzug im Blumenkasten zu verbessern, sollte man am Boden eine – je nach Größe des Gefäßes – 2–5 cm hohe Dränageschicht einbringen. Dafür eignen sich Kies, Splitt, Blähton oder Tongranulat. Zuvor werden die Abzugslöcher mit Tonscherben abgedeckt. Anschließend legt man über die Dränageschicht noch ein Vlies. Es verhindert, dass weder Substrat ausgeschwemmt wird noch Wurzeln oder Erde die Abzugslöcher verstopfen können.

Ist der Wurzelballen der Topfpflanzen gut durchfeuchtet, können die Blumen besser anwurzeln. Man taucht deshalb vor dem Einpflanzen die Blumen mitsamt ihrem Kulturtopf so lange in einen Eimer mit Wasser, bis der Ballen vollgesogen ist und keine Luftblasen mehr aufsteigen. Danach lässt man ihn gut abtropfen.

Nun wird der Blumenkasten bis zur Hälfte mit Substrat gefüllt. Die Pflanzen löst man durch leichtes Kneten oder Drehen aus dem Kulturtopf und verteilt sie gleichmäßig im Kasten. Wenn der Wurzelballen schon stark verdichtet ist, zieht man mit den Fingern die Wurzeln leicht auseinander, um so der Pflanze das Einwurzeln zu erleichtern.

Nach dem Einsetzen sollte der Wurzelballen etwa zwei Fingerbreit unter dem Kastenrand sitzen, damit später das Gießwasser nicht überläuft. Die Lücken werden mit Erde aufgefüllt und dabei die Ballen gut angedrückt. Es sollten keine Hohlräume entstehen, da sich in ihnen leicht Fäulnis und Schimmel einnisten.

Abschließend gießt man die Kästen gründlich an und wässert sie danach regelmäßig morgens oder abends. Da das Nährstoffangebot im Kasten sehr begrenzt ist, sollte für eine üppige Blüte wöchentlich gedüngt werden. Alternativ kann man schon bei der Vorbereitung der Gefäße Langzeitdünger oder Hornspäne in die Erde einarbeiten.

Köstliches Obst für Balkon und Terrasse: Die Kultur-Heidelbeere 'Patriot' gedeiht auch im Topf sehr gut.

Der Zylinderputzer ist bei uns nur selten zu bekommen, aber problemlos zu pflegen.

KÜBELPFLANZEN – DIE ERSTEN SCHRITTE NACH DEM KAUF

Kübelpflanzen haben meistens ihren Preis und sollen uns außerdem viele Jahre lang erfreuen. Umso wichtiger ist es, ihnen einen guten Start zu ermöglichen.

- Sobald Sie zu Hause angekommen sind, sollten Sie die Kübelpflanzen vorsichtig auspacken und ihren Zustand überprüfen.
- Vorsicht bei bewehrten Arten: An Dornen, Stacheln und scharfen Blattspitzen kann man sich leicht verletzen. Am besten ziehen Sie sich deshalb Gartenhandschuhe über, bevor Sie solche Kübelpflanzen untersuchen.

- Pflanzen, deren Wurzeln aus den Bodenlöchern herauswachsen, sollten nach zwei bis drei Tagen umgetopft werden. Zuvor gründlich wässern.
- Lange, dünne Triebe kürzt man um etwa ein Drittel ein.
- Ist der Wurzelballen ausgetrocknet, taucht man die Pflanze so lange in einen Eimer Wasser, bis keine Luftblasen mehr aufsteigen.
- Stellen Sie die Neuzugänge zum Eingewöhnen im Freien zunächst an einen leicht beschatteten und windgeschützten Platz. So können sie sich besser an die neuen Bedingungen akklimatisieren.
- Nach etwa einer Woche haben sich die Pflanzen vom Transport erholt und können an ihren endgültigen Standort umziehen.

HANGING BASKETS BEPFLANZEN

»Hanging Baskets« (Hängegitterkörbe) sind wasser-durchlässige Gitterkörbe aus Metall oder Kunststoff, die es in allen möglichen Größen gibt. Man bepflanzt sie entweder nur von oben oder ringsum und bei Bedarf sogar von unten. So wachsen die verschiedenen Sommerblumen mit der Zeit zu einer blühenden Kugel zusammen.

Vor der Bepflanzung wird der Korb mit einem Naturmaterial (Rasenmoos, Tannenzweige oder Sackleinen) ausgekleidet, damit die Erde nicht herausrieselt. Im Gartenfachhandel sind dafür auch spezielle Kokosmatten erhältlich. Man sollte auf jeden Fall ein luft- und wasserdurchlässiges Material wählen, damit die Wurzeln der Balkonblumen später gut atmen können und sich keine Staunässe bildet. Damit beim Gießen nicht das gesamte Wasser ungenutzt durch den Wurzelballen sickert und unten aus dem Korb wieder herausläuft, wird der Boden des Drahtkorbs mit einem Stück Folie ausgelegt, die man an mehreren Stellen durchsticht. Sie hält so viel Gießwasser zurück, dass sich die Pflanzerde damit vollsaugen und es für eine gewisse Zeit speichern kann.

Als Pflanzsubstrat wird herkömmliche, mit Humus angereicherte Balkonblumenerde eingefüllt. Man bepflanzt den Hanging Basket oben in der Mitte mit aufrecht wachsenden Sommerblumen. Im Randbereich und zwischen den Gitterstaben der Seitenwand werden hängende Blumen eingesetzt. Beim Bepflanzen beginnt man am besten mit den hängenden Sommerblumen, die seitlich durch die Gitterstäbe eingesetzt werden. Wenn nötig, wird ein Schlitz in die Abdichtung geschnitten und der Wurzelballen von außen durchgesteckt. Meist muss dieser mit einem Messer etwas verkleinert werden, damit er durch das Gitter passt. Sind die Seitenwände mit Sommerblumen bestückt, wird der Korb so weit mit Blumenerde aufgefüllt, dass alle Wurzelballen bedeckt sind. Danach werden von der Mitte nach außen alle Blumen eingesetzt, die oben aus dem Hanging Basket herauswachsen sollen, dabei füllt man die noch fehlende Blumenerde ein und gießt das Ganze gründlich an.

Die Körbe sollten unbedingt so aufgehängt werden, dass unten herauslaufendes Gießwasser nicht auf die Polster von Gartenmöbeln tropft. Idealerweise befindet sich unter einem Hanging Basket ein weiteres Pflanzgefäß, so kann das Wasser sozusagen doppelt genutzt werden.

Als Auskleidung dient beispielsweise ein Stück Koskosmatte. Sie hält die Erde im Korb.

Aufrecht wachsende Pflanzen werden in der Mitte, eher hängend wachsende am Rand eingepflanzt.

Zum Schluss eventuelle Lücken zwischen den Pflanzen mit Erde auffüllen und gut angießen.

GESUNDE PFLANZEN BEI OPTIMALER PFLEGE.

Wer seinen Pflanzen auf Balkon und Terrasse täglich einen kleinen Besuch abstattet, hat ohne großen Zeitaufwand immer im Blick, ob sie gut gedeihen. So kann man bei Pflegefehlern oder Krankheiten und Schädlingen rasch eingreifen.

WAS ALLES ZU TUN IST

Damit das kleine Pflanzenparadies sich gut entwickelt und Balkon oder Terrasse zu einem Ort werden, an dem man sich wohlfühlen kann, bedarf es einer regelmäßigen und sorgsamen Pflege rund ums Jahr.

BALKONBLUMEN RICHTIG GIESSEN

Richtiges Wässern ist unbedingte Voraussetzung für das Überleben der Pflanzen in Balkonkästen und Töpfen. Es ermöglicht neu gesetzten Pflanzen die nötige Erholung und sorgt für gesundes Wachstum. Nicht alle Pflanzen haben die gleichen Ansprüche. Wie viel und wie oft gegossen werden muss, hängt von den artspezifischen Bedürfnissen der Pflanzen, vom Pflanzgefäß, dem Standort und der Witterung ab. Grundsätzlich gilt: Alle Pflanzen verkraften eine längere Trockenheit besser als Staunässe.

Das Gießwasser sollte von der Sonne angewärmt und nicht zu hart sein (nicht über 20 °dH). Die Härte des Leitungswassers vor Ort kann man beim zuständigen Wasserwerk erfragen. Optimal – und zudem kostengünstig – ist aufgefangenes Regenwasser, vor allem für kalkempfindliche Pflanzen. Balkonblumen werden in der Regel von oben gegossen – so sickern Wasser und Nährstoffe (Dünger) allmählich nach unten und versorgen die feinen Wurzeln. Auch Hanging Baskets müssen im Sommer täglich gewässert werden.

In Gefäßen ist Wasser knapp. Deshalb ist regelmäßiges Gießen für Balkonpflanzen lebensnotwendig.

Gießkannen sind auf Balkon und Terrasse unverzichtbar. Und weil es sie heute nicht nur in schlichtem Grün, sondern in vielen leuchtenden Farben gibt, können sie sich sehen lassen.

Das Einmaleins des Gießens:

- Generell gießen, bevor die Erde ausgetrocknet ist.
- Morgens und/oder abends (nach Bedarf) gießen, keinesfalls in der Mittagssonne.
- Im Sommer während der Hauptvegetationszeit, an vollsonnigen Standorten, bei großer Hitze und Trockenheit sowie bei Pflanzen in Ton- und Terrakotta-Gefäßen gilt: häufiger bzw. viel gießen.
- Weniger gießen im Frühjahr und Herbst (zu Beginn und Ende der Vegetationszeit), an schattigen, windgeschützten Standorten, an kühlen, verregneten Tagen sowie bei Pflanzen in Kunststoffgefäßen.

Nicht jeder hat einen freundlichen Nachbarn, der während des Urlaubs das Gießen der Balkon- und Terrassenpflanzen übernimmt. Bei kurzfristiger Abwesenheit sind Balkonkästen mit eingebautem Wasserspeicher eine sinnvolle Lösung. Ein längerer Urlaub lässt sich ohne fremde Hilfe mittels einer vollautomatischen Langzeitbewässerung überbrücken, die direkt an eine Außenwasserleitung – sofern

Urlaubsbewässerung: Ein Eimer mit Wasser versorgt die Pflanzen über Schläuche und Tonkegel.

vorhanden – angeschlossen wird. Der Fachhandel bietet eine Vielzahl unterschiedlicher Bewässerungssysteme an. Am besten, man lässt sich beraten und startet vor der Reise einen Probelauf.

MEIN TIPP

Sind die Pflanzen vertrocknet, reichlich und häufiger gießen. Wenn sie sich nicht erholen, sollten Sie sie bis auf die noch sattgrünen Triebe zurückschneiden. Bei weniger Blattmasse erhöhen sich die Überlebenschancen. Zusätzlich sollten Sie diese Pflanzen an einen schattigen Platz stellen.

GRÜNER DAUMEN FÜR BALKONBLUMEN

Da Pflanzen in Gefäßen nur über einen eingeschränkten Erdraum verfügen, ist der Nährstoffvorrat begrenzt und die regelmäßige Versorgung mit Nährstoffen unabdingbar. Denn die im Substrat enthaltenen Nährstoffe sind rasch verbraucht und müssen durch ausgewogenes Düngen ersetzt werden. Die Hauptnährstoffe, die jede Pflanze zum Wachsen und Blühen benötigt, sind Stickstoff (für die Blattbildung), Phosphor (für Blüten- und Fruchtbildung), Kalium, Kalzium und Magnesium (für stabilen Pflanzenaufbau). Zu den erforderlichen Spurenelementen gehören Eisen, Kupfer, Mangan, Molybdän, Zink und Bor. Mineralische Volldünger enthalten die Pflanzennährstoffe als Salze, die sich in Wasser rasch auflösen und dann als Ionen von den Pflanzen direkt aufgenommen werden. Organische Volldünger (Horn-, Blut- und Knochenmehl, Hornspäne) müssen erst durch Mikroorganismen im Boden aufgeschlossen werden. Dieser Prozess läuft in einer Gefäßkultur langsamer ab als im Boden. Die Düngewirkung setzt deshalb deutlich verzögert ein, fördert jedoch die Bodenflora und empfiehlt sich vor allem für Dauerbepflanzungen. Für die regelmäßige Anwendung und die leichte Dosierung eignen sich Flüssigdünger, die man zum Gießwasser gibt. Praktisch sind dem Substrat beigemischte Langzeit- oder Depotdünger, die Nährstoffe über einen Zeitraum von zehn bis zwölf Wochen an die Pflanzen abgeben.

Für eine regelmäßige leichte Dosierung empfiehlt sich Flüssigdünger, den man ins Gießwasser gibt.

DÜNGEN NACH MASS

Als oberste Faustregel gilt: »So viel wie nötig, so wenig wie möglich«. Wichtig ist, sich dabei immer genau an die Gebrauchsanweisung zu halten, denn die Salze im Dünger können den Pflanzen schaden, wenn sie zu hoch konzentriert sind.

Bei der Dosierung gilt: lieber weniger, dafür häufiger. Es wird nur in der Hauptwachstumszeit (März–September) gedüngt. Nach dem 15. August düngt man nicht mehr bzw. setzt nur noch sogenannten Herbstdünger ein. Er enthält mehr Kalium, das zum Ausreifen der Triebe führt und die Frostfestigkeit stärkt, was den Pflanzen beim Überwintern hilft.

Wichtig: Düngen Sie nie direkt die Wurzelballen und nicht, wenn die Erde trocken ist. Das Substrat sollte regelmäßig gelockert werden, damit Wasser und Nährstoffe bis zu den Wurzeln durchdringen. Regnet es längere Zeit, werden die Nährstoffe oder der bereits eingebrachte Dünger ausgewaschen. In diesem Fall sollte man für Nachschub sorgen.

Auch mit Düngestäbchen lassen sich Balkonpflanzen gut versorgen.

Das Ausknipsen (Entspitzen) des obersten Triebs bewirkt bei vielen Pflanzen, dass sie sich verzweigen.

Zitruspflanzen muss man großzügig mit Spezialdünger versorgen.

PFLEGE ÜBER DEN SOMMER

Sollen Balkonblumen zu Prachtexemplaren heranwachsen, ist es allein mit Gießen und Düngen nicht getan. Es empfiehlt sich, die gerade blühenden Pflanzen regelmäßig von verwelkten Blüten und vergilbten Blättern auszuputzen. Dies macht die Blumen nicht nur schöner, sondern erfüllt noch einen anderen Zweck: Arten wie Fuchsie, Wandelröschen und Margerite bilden nach der Blüte Samen, und das kostet die Pflanzen Kraft. Entfernt man die abgeblühten Triebe, wird die Samenbildung verhindert und die Pflanze zum Weiterblühen angeregt.

Mehrjährige Pflanzen brauchen ab und zu einen Schnitt, durch den sie sich erst zur vollen Schönheit entfalten. Generell können störende Triebe jederzeit abgeschnitten werden. Allerdings sollte man beim Schnitt zurückhaltend sein, da an den äußeren Trieben der Balkonblumen auch die Blütenknospen sitzen. Bei jungen Balkonblumen fördert ein ein- bis zweimaliges Entspitzen die bessere Verzweigung der Triebe und ein buschiges Wachstum. Dabei wird der Haupttrieb von Hand – mit Daumen und Zeigefinger –

oder mit einem sauberen, scharfen Messer abgetrennt, sobald er die gewünschte Höhe erreicht hat. Um die weitere Bildung von Seitentrieben zu fördern, werden dann immer wieder Triebspitzen abgeknipst. Einige Balkonblumen, wie Elfensporn und Zweizahn, lassen sich durch einen kräftigen Rückschnitt zu einer zweiten Blüte anregen. Sie lässt zwar drei bis vier Wochen auf sich warten, fällt dann aber umso kräftiger aus.

MEIN TIPP

Bei einigen Pflanzen kann man sich das Ausputzen ersparen, bestimmte Pelargonien-Sorten, Fächerblume und Schneeflockenblume zum Beispiel sind selbstreinigend und werfen Verblühtes von alleine ab.

SAISONSTART FÜR KÜBELPFLANZEN

Die meisten Fehler bei der Kübelpflanzen-Pflege werden beim Gießen und Düngen gemacht. Werden Wasser und Nährstoffe zum richtigen Zeitpunkt und im richtigen Maß zugeführt, danken es die Kübelpflanzen mit kräftigem Wuchs und wunderschöner Blüte. Auch Kübelpflanzen gießt man in der Regel von oben, und zwar immer direkt auf das Substrat (nicht auf Stamm und Laub). Ist der Wurzelballen ausgetrocknet, ist ein Tauchbad hilfreich. Eine sanfte »Dusche« mit einem weichen Strahl oder ein warmer Sommerregen reinigt die Blätter.

Die wichtigsten Gießregeln:

- Großlaubige Pflanzen haben eine größere Verdunstungsfläche und brauchen deshalb mehr Wasser.
- Immer abgestandenes, handwarmes Wasser verwenden.
- Standortbedingungen berücksichtigen – an einem schattigen Platz hält der Wasservorrat länger.
- Beim Gießen keine Gießlöcher im Substrat verursachen.
- Pflanzen im Hintergrund lassen sich mit einem Gießstab mit langem Rohr leichter erreichen.
- Gleichmäßig und nicht immer auf dieselbe Stelle gießen, damit das Substrat schneller durchfeuchtet wird.
- Nicht die Blätter und Blüten benetzen, es können sich unschöne Kalkflecken bilden.

Kübelpflanzen lassen sich auf unterschiedliche Weise mit den nötigen Nährstoffen versorgen. Bei einer Langzeit- bzw. Vorratsdüngung mit gleichmäßigem Nährstoffzufluss über vier bis fünf Monate gedeihen die Pflanzen sehr gut. Das Düngergranulat wird entweder beim Einpflanzen dem Substrat beigemischt oder leicht in den Topfballen eingearbeitet. Düngekegel drückt man leicht am Rand des Ballens ein. Die häufigste und einfachste Düngemethode ist die sogenannte Kopfdüngung, wobei der Dünger mit dem Gießwasser ausgebracht wird. Bei der Blattdüngung sprüht man die Düngerlösung direkt auf die Blätter der Pflanzen. Sie dient der Pflanzenstärkung in den ersten Wochen nach dem Austrieb, da der Pflanze die Nährstoffe über die Blätter schnell zur Verfügung stehen.

Die wichtigsten Regeln einer ausgewogenen Düngung sind:

- Besser einmal zu wenig als einmal zu viel düngen.
- Nie bei trockenem Erdballen düngen, sondern zuvor gießen.
- Düngerlösung zur gleichmäßigen Verteilung rund um den Ballen ausbringen.
- Frisch in gedüngtes Fertigsubstrat getopfte Pflanzen erst nach zwei Wochen düngen.
- Kübelpflanzen mit normalem Nährstoffbedarf wöchentlich bei halber Konzentration der Düngerlösung gießen; bei normaler Konzentration 14-tägig.
- Bei Langzeitdüngung Substrat gleichmäßig feucht halten, damit die Nährstoffe herausgelöst werden.

Ab Anfang Mai düngt man mit einer normalen Konzentration oder arbeitet Langzeitdünger ein. Den Sommer über wird zur besseren Blütenbildung einmal wöchentlich phosphorbetont gedüngt. Spätestens ab Ende August und im Winter wird nicht mehr gedüngt!

KEINE ANGST VOR DEM SCHNEIDEN

Viele »Kübelgärtner« scheuen sich, mit der Schere Hand an ihre Pflanzen zu legen. Sie haben Angst, die Pflanze zu beschädigen oder dass diese ihren Blütenflor einbüßt. Doch diese Pflegemaßnahme ist wichtig. Wenn man sie vernachlässigt, werden Kübelpflanzen zu groß, wachsen sparrig oder verkahlen, manche Arten blühen sogar schlechter. Auslichtungs- und Rückschnitt sind die beiden wichtigsten Pflegeschnitte, die sich ein Kübelgärtner zutrauen sollte. Die meisten Sommerblüher bilden ihre Blüten an einjährigen Trieben aus. Beim Rückschnitt (etwa um ein Drittel) entfernt man vertrocknetes und abgestorbenes Holz und kürzt lange Triebe ein. Dadurch wird der Neuaustrieb angeregt und ein kompakterer Wuchs erreicht. Er ist besonders wichtig bei Pflanzen, die zu einem sparrigen Wuchs neigen. Beim Auslichtungsschnitt schneidet man nach innen wachsende Äste heraus, damit Licht und Luft besser ins Astgerüst gelangen und die Pflanze nicht von der Mitte her verkahlt. Bei Hochstämmchen genügt ein leichter Rückschnitt und regelmäßiges Auslichten der Krone. Dabei

Für einen kompakteren und buschigen Wuchs wird die Geranie gestutzt.

Beim Oleander entfernt man regelmäßig verblühte und kranke Triebe.

entfernt man nach innen zeigende und sich kreuzende Zweige. Bei laubabwerfenden Pflanzen muss dieser Schnitt fast immer vorgenommen werden.

Zum besseren Wuchs trennt man bei Hochstämmchen die Seitentriebe ab.

KÜBELPFLANZEN FIT FÜR DIE SAISON MACHEN

Im Frühjahr, wenn das Wachstum beginnt, ist es Zeit, Kübelpflanzen umzutopfen. Der Umzug in ein größeres Gefäß, mit frischem Substrat, die Entfernung von verfilzten Wurzeln und die richtige Düngung machen die Pflanzen fit für die Freiluftsaison. Jüngere Pflanzen mögen einen jährlichen Wechsel in einen größeren Topf. Bei älteren Pflanzen genügt es, wenn sie etwa alle drei Jahre umgetopft werden. Das jeweils neue Gefäß sollte um zwei Fingerbreit größer sein. Ehe man die Pflanzen ins Freie bringt (die am wenigsten frostempfindlichen zuerst), sollten sie auf Überwinterungsschäden kontrolliert werden. Nach der langen Winterpause ist das erste zarte Laub noch empfindlich gegenüber Kälte und Sonne. Kübelpflanzen, die vermeintlich abgestorben sind, sollte man nicht voreilig entsorgen, sondern erst überprüfen, ob noch Leben in der Pflanze ist. Dazu kratzt man mit dem Daumennagel die Rinde an verschiedenen Stellen leicht an. Erkennt man darunter grünes Gewebe, lebt die Pflanze noch.

Beim Umtopfen lockert man den Wurzelfilz und füllt den Raum zwischen Ballen und Topf mit neuer Erde.

KÜBELPFLANZEN ÜBERWINTERN

Das Ende der Freilandsaison für frostempfindliche Kübelpflanzen hängt von der Pflanzenart und der Witterung ab. In manchen Jahren und Lagen wird es schon ab Oktober frostig, in anderen erst im Dezember. Der erfahrene Balkongärtner beobachtet deshalb das Klima, macht sich Notizen und kann sich mit den Jahren darauf einstellen.

Mediterrane Kübelpflanzen wie Lorbeer, Olivenbaum und Oleander halten ganz leichten Frost gut aus, sie härten sich in dieser Zeit ab. Schädlingsbefall wird verhindert, da Eigelege und Larven die Kälte nicht vertragen. Erst strenger Dauerfrost, der die Erde in den Töpfen durchfrieren lässt, macht den Pflanzen zu schaffen. Tropische Kübelpflanzen wie Hibiskus, Schönmalve oder Bougainvillee sowie frostempfindliche Gewächse müssen dagegen bereits eingeräumt werden, wenn die Nachttemperatur regelmäßig unter 8–10 °C sinkt.

Die Wahl des richtigen Winterquartiers hängt von der Temperatur und den Lichtverhältnissen in den infrage kommenden Räumen ab. Für immergrüne Pflanzen ist Licht das Lebenselixier im Winter. Hierzulande ist das Lichtangebot in der kalten Jahreszeit jedoch von Natur aus gering. Umso wichtiger ist es, den Pflanzen helle Plätze zu bieten, am besten vor großen Fenstern oder Terrassentüren. Ein warmer Platz ist nur dann von Vorteil, wenn die Pflanzen ganzjährig aktiv bleiben und weiterwachsen, das gilt insbesondere für tropische Arten. Mediterrane oder subtropische Pflanzen brauchen ein nicht zu dunkles und vor allem kühles Winterlager, optimal sind helle Treppenhäuser oder kühle Wintergärten. Stehen sie zu warm, wachsen sie weiter und verbrauchen dabei mehr Energie, als sie produzieren können.

WINTERPFLEGE

Vor allem bei Kübelpflanzen, die in Kellerräumen überwintern, besteht die Gefahr, dass man sie vergisst. Obwohl ihr Wasserbedarf im Winter sehr gering ist, dürfen sie dennoch nicht austrocknen. Andererseits sollte man im Winter keinesfalls auf Vorrat gießen. Richtig ist vielmehr eine regelmäßige, aber sparsame Versorgung. Es genügt, wenn der Erdballen nur leicht befeuchtet wird. Vor jeder neuen Wassergabe muss er gut abtrocknen, damit die Wurzeln nicht ständig nass sind und verfaulen. Gedüngt wird im Winter auf keinen Fall, überwinternde Pflanzen brauchen während ihrer Ruhezeit bis März keine Nährstoffe.

Sauberkeit und Hygiene sind unverzichtbar, damit sich während der Winterruhe der Pflanzen keine Schädlinge einnisten oder Krankheiten entwickeln. Man entfernt deshalb regelmäßig abgefallenes Laub und kontrolliert die Pflanzen wöchentlich auf Schädlinge. Bei Befall sofort behandeln!

Bei Topfpflanzen, die draußen überwintern wie Buchs, schützt man die Wurzelballen mit Jute oder Noppenfolie und Vlies vor dem Frost.

Zitronenbäumchen überwintern an einem hellen, kühlen Platz im Haus.

PFLANZENSCHUTZ BEI BALKON-BLUMEN UND KÜBELPFLANZEN

Falsche Standorte und Pflegefehler machen alle Pflanzen anfällig für Krankheiten und Schädlingsbefall. Ein optimaler Standort, eine auf die individuellen Ansprüche abgestimmte Pflege und die angemessene Überwinterung sind ebenso wichtige Schritte zum Pflanzenschutz wie folgende vorbeugende Maßnahmen:

- Pflanzen regelmäßig kontrollieren; kranke, verwelkte und verdorrte Pflanzenteile sowie Unkraut entfernen.
- Gebrauchte Pflanzgefäße vor der Neubepflanzung gründlich reinigen.
- Den ausgewählten Pflanzen schädlingsabweisende Nachbarn zur Seite stellen: Studentenblume, Ringelblume und Trichterwinde locken läusevertilgende Schwebfliegen an. Lavendel hält Ameisen und Läuse fern.
- Während der Wachstumszeit die Pflanzen regelmäßig mit Ackerschachtelhalm-, Brennnessel- oder Schafgarben-Brühe gießen. Das festigt das Gewebe und macht es widerstandsfähiger gegen Fraßinsekten.
- Zu dichten Stand – vor allem auf geschlossenen Balkonen – vermeiden, damit die Luft zwischen den Pflanzen gut zirkulieren kann.
- Pflanzen, die Nässe und Wind schlecht vertragen, in feuchten und kühlen Sommern regen- und windgeschützt aufstellen.

Die Studentenblume – hier in einem bunt gemischt bepflanzten Kübel – hält Schädlinge fern.

PFLEGEFEHLER UND IHRE URSACHEN

Symptome, die sich als krankhafte Veränderungen an den Pflanzen zeigen, sind recht häufig auf Pflegefehler zurückzuführen.

- *Blühunwillige Pflanzen* haben bei der Düngung meist zu viel Stickstoff und zu wenig Phosphor/Kalium erhalten. Aber auch ein zu feuchter, sonnenarmer Standort kann dafür verantwortlich sein. **Abhilfe:** Dünger und Düngergabe prüfen; Standort wechseln.
- *Gelbe Blätter* signalisieren u.a. Licht- oder Stickstoffmangel und Übergießen. **Abhilfe:** Standort und Dünger sowie Pflanzgefäß auf Staunässe überprüfen.
- *Bleichwerden der Blätter* (Chlorose) zeigt einen Mangel an Spurenelementen (Eisen, Magnesium) an. **Abhilfe:** nur mit weichem Wasser gießen; warmen Standort wählen.
- *Rote oder graue Flecken* auf den Blättern deuten auf Sonnenbrand hin, der auftritt, wenn Pflanzen nach dem Kauf oder der Überwinterung zu abrupt

Ein Brennnesselauszug ist wirksam gegen Schädlinge wie Blattläuse und lässt sich leicht selbst herstellen.

Die Blätter in Wasser geben und einen Tag lang ziehen lassen. Diesen Auszug spritzt man unverdünnt.

in die pralle Sonne gestellt werden. **Abhilfe:** Pflanzen grundsätzlich behutsam an einen sonnigen Standort im Freien gewohnen und zunächst halbschattig aufstellen.
• *Eingerollte Blätter:* ausgetrockneter Ballen bei zu heißem Standort. **Abhilfe:** Standortwechsel und regelmäßige Gießen.

KRANKHEITEN UND SCHÄDLINGE BEKÄMPFEN

In diesem Fall muss man nicht immer gleich zur »chemischen Keule« greifen, sondern sollte erst einmal biologische Alternativen ausprobieren:

• *Brennnesselauszug* gegen Läuse: 500 g frische Brennnesseln in 5 Liter Wasser 24 Stunden ziehen lassen. Frisch und unverdünnt sprühen.
• *Knoblauchsud* gegen Pilzinfektionen und Spinnmilben: eine Knoblauchzehe zerdrücken, mit 1 Liter kochendem Wasser überbrühen, abkühlen lassen und absieben. Unverdünnt spritzen.
• *Wermutsud* gegen beißende und saugende Insekten: 1 Teelöffel getrocknete Wermutblätter mit 1 Liter kochendem Wasser überbrühen, abkühlen lassen und absieben. Unverdünnt spritzen.
• *Seifenlaugen* (Abwaschungen) dringen in den Insektenkörper ein und verhindern die Atmung.

Schadinsekten sterben rasch ab. Danach die Pflanze unbedingt mit klarem Wasser abwaschen!

Die chemische Bekämpfung sollte stets der letzte Ausweg sein, wenn biologische Maßnahmen nicht greifen oder sich ein Befall epidemieartig ausbreitet. Im Fachhandel sind Mittel zum Gießen, Spritzen, Stäuben oder in Form von Stäbchen, die man ins Substrat steckt, erhältlich. Vor der Anwendung sollte man sich aber unbedingt eingehend vom Fachmann beraten lassen.

• Insektizide wirken gegen beißende und saugende Insekten. Allerdings schaden sie auch Nützlingen!
• Akarizide töten Milben ab.
• Fungizide kommen bei Pilzbefall zum Einsatz.

JAHRESARBEITSKALENDER FÜR DEN BALKONGÄRTNER

MÄRZ

Zu diesem Zeitpunkt werden die im Haus überwinterten Kübelpflanzen zurückgeschnitten und umgetopft, stark durchwurzelte Pflanzen in größere Töpfe gesetzt, Stauden geteilt. Auch Rosen können jetzt zurückgeschnitten und in frische Erde getopft werden. Außerdem findet nun die Aussaat der Sommerblumen statt und Sämlinge können aus den Saatschalen in Einzeltöpfe pikiert werden. Mit dem Düngen sollte man beginnen, sobald sich der neue Austrieb zeigt.

APRIL

Decken Sie Frühlingsblüher bei angekündigten Spätfrösten ab. Es empfiehlt sich, mit einjährigen Balkonblumen bepflanzte Gefäße nachts an die Hauswand zu stellen. Verblühte Zwiebelblumen aus der Frühjahrsbepflanzung können entfernt und durch später blühende ersetzt werden. Pflanzen, die drinnen überwintert haben, stellt man zur Abhärtung an warmen Tagen aus dem Winterquartier ins Freie. Entfernen Sie je nach Witterung auch bei Kübelpflanzen den Winterschutz. Wüchsige Pflanzen können jetzt gedüngt werden.

Droht nachts noch Frost, brauchen die Pflanzen dieses Hanging Baskets noch ein wenig Schutz.

MAI

Ab Mitte des Monats (nach den Eisheiligen) können alle Kästen und Tröge für die Sommersaison bepflanzt werden. Raschwüchsige Sommerblumen lassen sich direkt in Freilandtöpfe aussäen. Reinigen Sie die Gefäße zuvor gründlich und achten Sie darauf, die frische Pflanzung in den ersten Tagen gründlich zu wässern, damit alles gut anwachsen kann. Immergrüne Pflanzen anfangs etwas schattieren.

Es empfiehlt sich, gekaufte und fertig bepflanzte Blumenampeln oder Hanging Baskets nicht sofort dauerhaft an ihrem vorgesehenen Platz aufzuhängen, sondern erst langsam abzuhärten und dann immer länger draußen zu lassen, bis sie auch die Nachttemperaturen unbeschadet überstehen.

JUNI

Buschige Balkonblumen werden jetzt entspitzt, um die Verzweigung zu fördern. Hohe Stauden sollten jetzt aufgebunden und die Erde in den Pflanzgefäßen regelmäßig kontrolliert werden. Bei Bedarf unbedingt gießen. Entfernen Sie außerdem laufend Verblühtes, damit sich neue Knospen bilden. Tropische Zimmerpflanzen können jetzt zur Sommerfrische ins Freie. Achten Sie darauf, bei Rosen unbedingt Sternrußtau, Mehltau und Rost zu bekämpfen. Wer in Gefäßen Balkonobst wie zum Beispiel Erdbeeren gepflanzt hat, kann sich langsam auf die ersten Beeren zum Naschen freuen.

Erdbeeren gedeihen auch gut im Topf. Wer Minze dazu pflanzt, hat schon fast ein komplettes Dessert.

Pflanzen regelmäßig auf Schädlinge.

Wenn Sie in Urlaub fahren möchten, sollten Sie zuvor die Pflege der Pflanzen gut planen: Wenn Sie die Gewächse zusammen an einen schattigen Platz stellen, erleichtern Sie der Urlaubsvertretung das Gießen. Ein Vorteil ist auch, dass sich bei zusammenstehenden Pflanzen zwischen dem Laub mehr Feuchtigkeit hält. Normalerweise tut die Enge nicht gut, weil sich Krankheiten leichter ausbreiten können, aber für die Urlaubszeit von ein bis zwei Wochen schadet den Pflanzen die Nähe nicht.

JULI

Düngen und gießen Sie regelmäßig. Bei großer Hitze ist es eventuell sogar notwendig, die Pflanzen zweimal am Tag mit Wasser zu versorgen.

Jetzt können Frühsommerblüher (Rittersporn, Lupine) bis zum Boden zurückgeschnitten und zweimal blühende Stauden eingekürzt werden. Entfernen Sie regelmäßig Verblühtes, dadurch wird die Bildung von Samenständen vermieden. Schneiden Sie die Triebspitzen von ausdauernden Pflanzen ab und bewurzeln Sie sie in der Erde. Kletterpflanzentriebe müssen an Rankhilfen herangeleitet werden, damit sie nicht mit anderen Pflanzen verwachsen. Wichtig ist außerdem, bei aus der Form geratenen Kronen die Triebspitzen einzukürzen und die verkrustete Erde in den Gefäßen aufzulockern.

AUGUST

Gießen Sie an heißen Tagen morgens und abends. Ende August sollte die Nährstoffversorgung bei überwinternden Pflanzen eingestellt werden. Jetzt ist auch der Zeitpunkt, um zweijährige Sommerblumen auszusäen, Herbstzeitlose zu pflanzen, Stecklinge von Geranien zu schneiden und in der Erde bewurzeln zu lassen. Auch frühlingsblühende Zwiebelblumen werden jetzt gepflanzt. Kontrollieren Sie die

Ein Hanging Basket mit Kräutern muss den ganzen Sommer über regelmäßig gegossen werden.

SEPTEMBER

Nun werden abgeblühte Sommerblumen gegen Herbstblüher ausgetauscht und erste Blumenzwiebeln in Töpfe und Schalen gesetzt. Sie sorgen im Frühjahr für frühen Blütenzauber. Gießen Sie die Pflanzen gerade bei trockenem Wetter weiterhin.
  Nun ist auch die Zeit gekommen, Topfgemüse zu ernten sowie Petersilie und Schnittlauch in Töpfe zu setzen und an einem geschützten Platz aufzustellen. So hat man einen Vorrat für den Winter und das Frühjahr. Vor dem Aufräumen sollten die Gefäße gründlich gereinigt werden.

Frisch von Balkon oder Terrasse geerntet schmecken sie doppelt gut: Kohlrabi gedeihen prima in Gefäßen.

Radieschen werden zwischen April und September ausgesät und jeweils 4 Wochen später geerntet.

OKTOBER

Holen Sie mediterrane Kübelpflanzen vor den ersten Nachtfrösten unbedingt ins Haus. Mit Sträuchern bepflanzte Kübel sollten jetzt an einem windgeschützten Ort platziert werden. Um einen herbstlichen Blickfang zu schaffen, können leer geräumte Balkonkästen und Töpfe mit Nadelgehölzzweigen und -zapfen, mit Beerenschmuck und Samenständen gefüllt werden. Für Blumenkästen und -ampeln empfiehlt sich die Bepflanzung mit winterblühenden Stiefmütterchen, für Kübel eignen sich zum Beispiel Zwergkoniferen oder Erika. Chrysanthemen müssen in dieser Jahreszeit in kalten Nächten unbedingt abgedeckt werden. Außerdem können Sie nun Samenstände als Winterfutter für Vögel einsammeln und Rankgerüste sowie Spaliere von Trieben befreien und über Winter eventuell ins Haus bringen.

Hibiskus ist auch auf Balkon und Terrasse beliebt. Vor dem ersten Frost muss er jedoch ins Haus.

NOVEMBER

Entlauben Sie jetzt Kübelpflanzen, die kühl und dunkel überwintern, und putzen Sie sie sorgfältig aus. Wichtig ist, Gefäße mit empfindlichen Freilandpflanzen geschützt aufzustellen und frisch bepflanzte Töpfe mit Winterschutz zu versehen. Pflanzen müssen jetzt gründlich verzurrt werden, damit die Herbststürme keinen Schaden anrichten.

Nun muss außerdem das Wasser aus Miniteichen, Bottichen und Tongefäßen ausgeleert werden. Stellen Sie Wasserhähne ab, ehe der Frost Leitungen und Gefäße zum Platzen bringt. Es empfiehlt sich außerdem, buschigen Wuchs von im Topf kultivierter Clematis zurückzuschneiden, um Windschäden zu vermeiden. Gartenmöbel gehören jetzt in den Keller.

DEZEMBER

Verpacken Sie jetzt Pflanzen, die im Freien überwintern, und umwickeln Sie Töpfe mit Jute oder Noppenfolie. Mit Vlies oder Strohmatten lassen sich empfindliche Pflanzenkronen schützen. Um Dauernässe zu verhindern, empfiehlt es sich, Töpfe auf Füßen zu platzieren. Eine Auswahl an dekorativen Füßen oder anderen Unterbauten kann man in Gartencentern kaufen. Bleibt Frost aus, sollten immergrüne Gehölze gegossen und von der Schneelast befreit werden.

Winterharte Pflanzen können jetzt in Kübeln und Kästen weihnachtlich geschmückt und dekoriert werden. Winterquartiere der Balkon- und Kübelpflanzen sollte man an milden Tagen lüften. Es ist außerdem empfehlenswert, Gelbtafeln gegen Weiße Fliegen, Trauermücken und Minierfliegen aufzuhängen. Gesammelte und getrocknete Samen müssen nochmals gereinigt, beschriftet und bis zum Frühjahr trocken und kühl gelagert werden. Leeren Sie alle mit Wasser gefüllten Gefäße im Freien, damit keine Frostschäden entstehen.

JANUAR

Gießen Sie bei frostfreiem Wetter im Freien überwinternde Pflanzen weiterhin. Prüfen Sie, ob der Winterschutz noch fest sitzt, und entfernen Sie welkes Laub. Das Winterquartier im Haus muss gelegentlich gelüftet, die Pflanzen müssen auf Schäden kontrolliert und ausgeputzt werden. Es empfiehlt sich, auch Blumenzwiebeln im Winterlager zu kontrollieren und nie ganz austrocknen zu lassen, sondern sie regelmäßig mit Wasser zu besprühen. Stecklinge von Geranien, Fuchsien und anderen überwinterten Kübelpflanzen müssen jetzt geschnitten und an einem hellen, warmen Ort bewurzelt werden.

FEBRUAR

Jetzt müssen Gefäße mit Frühjahrsblühern im Freien regelmäßig gegossen und ins Blickfeld gerückt werden. Im Winterquartier bereits austreibende Kübelpflanzen stellt man heller und wärmer. Auch die Planung für die weitere Bepflanzung der Gefäße steht nun an: Überlegen Sie, welche und wie viele Gewächse Sie in Gefäße setzen wollen. Besonders viel Spaß macht es, Gartenzeitungen und Samenkataloge durchzublättern, sich inspirieren zu lassen und sich so verschiedene Farb- und Gestaltungskombinationen zu überlegen.

Es empfiehlt sich, im Februar auch Saatgut für Sommerpflanzen auszusuchen und zu bestellen. Gebrauchte Saatschalen müssen jetzt gründlich gereinigt werden. Sommerblühende Zwiebelpflanzen können Sie problemlos im Haus vortreiben.

Wenn Sie nun mit der Anzucht von Zierpflanzen aus Samen beginnen, sollten Sie auf die unterschiedlichen Lichtansprüche der einzelnen Arten achten. Geranien werden jetzt aus dem Winterschlaf geholt, überlange Triebe eingekürzt und die Pflanzen in frische Erde gesetzt. Sorgen Sie unbedingt für Licht, Wärme und ausreichend Feuchtigkeit. Auch Balkonblumen und einjährige Kletterpflanzen werden jetzt ausgesät. Töpfe und Schalen mit Frühjahrsblühern sollten so aufgestellt werden, dass sie nach einer Frostnacht nicht von der Morgensonne getroffen werden.

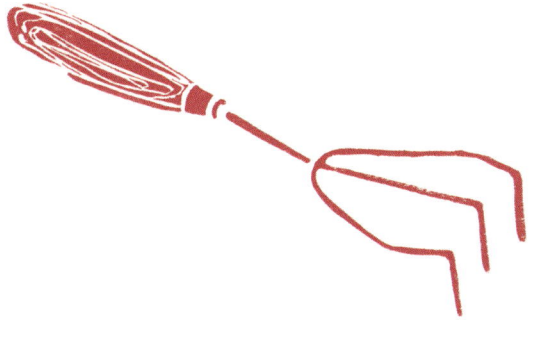

BALKON UND TERRASSE IDEENREICH GESTALTEN

Die meisten von uns verwenden viel Sorgfalt auf die Gestaltung der Wohnung. Es ist also ganz natürlich, dem »Freiluftzimmer« die gleiche Aufmerksamkeit zu widmen. Die im folgenden Kapitel vorgestellten Ideen zeigen, wie Sie Balkon und Terrasse in grüne Wohfühloasen der Entspannung verwandeln können.

FARBENPRÄCHTIGER FRÜHLINGSREIGEN

Der Frühling ist eine ganz besondere Jahreszeit. Wenn die Natur langsam wieder zum Leben erwacht, wird es auch auf dem eigenen Balkon Zeit für bunte Farbenvielfalt. Die ersten warmen Sonnenstrahlen verführen dazu, schon einmal probeweise die Balkontür zu öffnen, den frischen Duft des Frühlings tief einzuatmen und ihn mit Frühjahrsblühern noch zu verstärken. Denn nie ist die Lust auf bunte Blüten so groß wie zu dieser Jahreszeit. Auch steht jetzt beim Gärtner und im Gartencenter eine große Auswahl an Pflanzen zur Verfügung.

Aber der Freisitz muss erst einmal aus seinem Winterschlaf erwachen. Wer schon Hand anlegen möchte, sollte mit einem kleinen Frühjahrsputz beginnen, um Balkon und Terrasse fit für die Saison zu machen. Zeitgleich kann die Frühjahrsbepflanzung starten, denn nun sollen wieder frische, bunte Farben die Augen erfreuen.

SAISONSTART MIT ZWIEBELBLÜHERN

Für Zwiebelpflanzen gibt es zwei Pflanztermine im Jahr. Man kann die Zwiebeln zum einen im September/Oktober in Gefäße setzen und überwintert sie entweder mit Schutz im Freien oder hell und kühl im Haus. Zum anderen kann man sie im Frühjahr pflanzen. Wer also den Herbsttermin verpasst hat, kauft stattdessen im März vorgetriebene Zwiebeln. Das hat einen Vorteil: Nun ist das Sortiment am umfangreichsten und man kann die bepflanzten Töpfe schon ins Freie stellen. Kauft man Zwiebelblumen, die bereits blühen, pflanzt man sie am besten an milden Tagen bei bedecktem Himmel aus, dann können sie sich leichter an die noch frische, kühle Luft gewöhnen. Droht noch Frost, decken Sie die Pflanzkästen oder -tröge zum Schutz mit Noppenfolie oder Zeitung locker ab. Wenn man knospige Pflanzen kauft und diese nicht gleich in die volle

Die ganze Farbenpracht des Frühlings ist hier versammelt: Traubenhyazinthen, Narzissen, Tulpen, Stiefmütterchen und Maßliebchen haben einen Platz in hübschen Gefäßen aus Metall gefunden.

Die Pfingstrose ist wegen ihrer üppigen Blüten sehr beliebt.

Das Vergissmeinnicht ist ein beliebter Frühjahrsblüher, der am schönsten in Gruppen zur Geltung kommt.

Sonne stellt, kann man sich über einen Monat an ihrer Blüte erfreuen.

Der Frühling startet mit einem großen Farbspektakel: Sonnengelbe Narzissen, rote Tulpen kombiniert mit blauen Hyazinthen und Traubenhyazinthen lassen sich nicht nur farblich ideal arrangieren, auch in der Pflege bilden diese Zwiebelpflanzen ein perfektes Team. Die üppig gefüllten Pflanzgefäße mit den bunten Frühlingsboten sollten einen möglichst hellen Standort erhalten und regelmäßig gewässert werden.

MEHRJÄHRIGER BLÜTENZAUBER

Auch viele mehrjährige Pflanzen treiben jetzt aus und verzaubern den Freisitz in wenigen Wochen mit ihrer Blütenpracht. Sind die Pflanzen nicht winterhart, sollte man sie jedoch erst dann nach draußen stellen, wenn die Temperaturen nicht mehr allzu tief fallen. Einzelne schwache Nachtfröste machen in der Regel aber nichts aus.

So blühen ab März/April Märzveilchen (*Viola*), Schneeglöckchen (*Galanthus*), Schnee- oder Christrose (*Helleborus niger*), Märzenbecher (*Leucojum vernum*), Frühlings-Adonisröschen (*Adonis vernalis*), Küchenschelle (*Pulsatilla*), Zwergiris (*Iris*) und auch

die Frühlings-Lichtblume (*Bulbocodium vernum*). Im Mai setzen Maiglöckchen (*Convallaria majalis*), Vergissmeinnicht (*Myosotis*), Pfingstrose (*Paeonia*), Akelei (*Aquilegia vulgaris*) und Tränendes Herz (*Dicentra spectabilis*) den Blütenreigen fort.

OSTERN AUF DEM BALKON

Das Frühlingsfest Ostern verbindet man immer mit Osterglocken (*Narcissus*). Sie dürfen auf keinem österlich gestalteten Freisitz fehlen. Aber auch ein farbenfroher und vielfältiger Zwiebelblumen-Mix aus verschiedenen Arten macht die Osterbepflanzung von Balkon und Terrasse richtig attraktiv. Wichtig ist dabei, dass die Topfgröße im richtigen Verhältnis zu Größe und Anzahl der Zwiebeln steht.

Beliebt sind zum Beispiel Blumenschalen, die man mit typischen Frühjahrsblumen bepflanzt und zusätzlich mit einer Osterdekoration aus Osterhasen und Osternestern schmückt. Natürlich dürfen auch die ausgeblasenen und selbst angemalten bunten Ostereier nicht fehlen, die man zum Beispiel an Forsythienzweige hängt. Auch Ostereier, die man essen kann, dürfen in einem solchen Arrangement nicht fehlen: Sie lassen sich wunderbar in Blumenkästen, Pflanztrögen etc. verstecken und suchen!

ZWIEBELBLUMEN PFLANZEN

Alle Zwiebelblumen, die im Frühjahr blühen und frostige Nächte vertragen sollen, müssen schon im Herbst in frostfeste Gefäße gepflanzt werden. Man steckt die Zwiebeln mit der Triebspitze nach oben und möglichst doppelt so tief, wie sie hoch sind, in das Substrat. Dann werden die Pflanzgefäße in eine geschützte Ecke des Balkons oder der Terrasse gestellt. Halten Sie die Erde gut feucht und gießen Sie auch im Winter bei frostfreiem trockenen Wetter.

Bereits blühende Zwiebelblumen bieten Gärtnereien und Gartencenter schon ab Mitte Dezember an. Da sie bei höheren Temperaturen vorgezogen werden, erfrieren sie jedoch im Freien bei Frost. Sie eignen sich deshalb nur zur kurzfristigen Dekoration des Balkons. Eine längerfristige Anpflanzung mit vorgetriebenen Zwiebelblumen sollte man erst vornehmen, wenn die Außentemperaturen nicht mehr im Minusbereich liegen.

NARZISSE – *Narcissus*

Rund 130 Narzissensorten sind hierzulande erhältlich. Für die Balkonpflanzung empfehlen sich Zwerg- oder niedrige Sorten, die nicht höher als 10–40 cm werden. Höherwüchsige Narzissen sehen in größeren Einzeltöpfen gut aus. Narzissen gedeihen an einem sonnigen bis halbschattigen Standort in Balkonblumenerde mit etwas Sand.

Es gibt zahlreiche Zuchtformen mit unterschiedlichen Blütezeiten und Blüten in den verschiedensten Farben. Jede Zwiebel treibt einen 40–80 cm hohen Blütenstiel mit großen, breiten, bläulich bereiften Blättern aus. Tulpen brauchen einen sonnigen Standort und humoses, durchlässiges Substrat. Blühende Pflanzen muss man vor Spätfrösten schützen.

TULPE – *Tulipa*-Hybriden

Für die Gefäßkultur eigen sich *Muscari armeniacum* und *M. botryoides* und ihre Sorten am besten. Beide werden 10–20 cm hoch, bilden schmale, grasartige Blätter und kegelförmige Blütentrauben in wunderschönen Blautönen. Traubenhyazinthen fühlen sich an einem sonnigen bis halbschattigen Platz und in Einheitserde wohl.

TRAUBENHYAZINTHE – *Muscari*

Im Handel sind großblumige, 10–15 cm hohe Sorten in Weiß, Gelb und Violettblau. Die kleinblütige Stammform ist dagegen kaum mehr in Kultur. Die Blüten erscheinen vor den grasartigen Blättern. Der Krokus braucht einen sonnigen Standort mit lockerem, humusreichem Substrat. Am besten setzt man ihn in Gruppen, die Pflanztiefe beträgt 5–10 cm.

KROKUS – *Crocus neapolitanus*

PFLANZEN NACH LUST UND LAUNE

Wer sich mit dem Duft des Frühlings verwöhnen möchte, sollte Hyazinthen und Duftveilchen (*Viola odorata*) in Kübeln und Töpfen auf Balkon oder Terrasse platzieren. Ihr betörendes Aroma ist sowohl für Menschen als auch für Insekten unwiderstehlich. Als Grundbepflanzung von bunten Frühlingskästen für das Balkongeländer empfehlen sich Stiefmütterchen (*Viola*). Sie sind robust, farbenfroh und blühen üppig bis weit in den Mai hinein. Den letzten Rest von Winterschlaf vertreiben auch die fröhlich-bunten Kissenprimeln (*Primula vulgaris*). Von Stiefmütter-chen und Primeln gibt es jedes Jahr neue Sorten in immer neuen Farbtönen. Zwischen ihnen kommen Tulpen (*Tulipa*), Maßliebchen (*Bellis*) in Rot und Weiß und ein Busch Vergissmeinnicht (*Myosotis*) gut zur Geltung. Vergissmeinnicht wirken am schönsten in Gruppen als himmelblaue Blütenwolken. Dazu passen Krokusse (*Crocus*), Zwergiris (*Iris recutulata*), Blausternchen (*Scilla siberica*) und etwas später die ersten Anemonen. Aber vergessen Sie auch etwas seltenere Balkonschönheiten wie Ranunkeln (*Ranunculus*) und Goldlack (*Cheiranthus*) nicht.

ANEMONE – *Anemone blanda*

Das Spektrum der Sorten reicht von einfachen über halb gefüllte bis zu gefüllten Blüten, die Farbpalette von Weiß über Dunkelblau bis hin zu vielen Rosatönen. *Anemone blanda* zählt zu den besonders früh blühenden Anemonen. Sie wird 10–15 cm hoch und braucht einen halbschattigen Standort mit frischem Substrat.

KISSENPRIMEL – *Primula vulgaris*

STIEFMÜTTERCHEN – *Viola wittrockiana*

Die Blüten des Garten-Stiefmütterchens zeigen sich in vielen verschiedenen Farben – auch in Kombinationen mit bis zu drei Farben – und Formen. Als Standort bevorzugen sie einen sonnigen Platz auf dem Balkon. Stiefmütterchen sind winterhart, jedoch sollte der Wurzelballen in Kübeln und Balkonkästen vor zu starkem Frost geschützt werden.

Dank ihrer leuchtend bunten Farben gilt die Primel als die beliebteste Frühlingsblume. Ihre Blütezeit liegt vor allem im zeitigen Vorfrühling (ab März bis April). In milden Wintern blüht sie vereinzelt sogar durchgehend. Der Standort sollte sonnig bis halbschattig mit frischer bis feuchter Erde sein.

Das Maßliebchen ist eine Kulturform des Gänseblümchens. Aus niedrigen, kompakten Blattrosetten wachsen einzelne gefüllte oder halb gefüllte Blütenbälle, je nach Sorte in Weiß, Rosa oder verschiedenen Rottönen. Maßliebchen brauchen einen sonnigen bis halbschattigen Standort in frischem bis feuchtem Substrat.

MASSLIEBCHEN – *Bellis perennis*

SAISONSTART FÜR KÜBELPFLANZEN

Sobald die Frostgefahr gebannt ist, ziehen die überwinterten Kübelpflanzen ins Freie um. Früh blühende Sträucher wie Zierkirsche (*Prunus cerasifera*), Zierapfel (*Malus*), Mandelbäumchen (*Prunus triloba*), Ginster (*Cytisus*) und Zwerg-Rhododendron finden einen geeigneten Platz auf dem Balkon und der Terrasse. Sie blühen nicht nur wunderschön, einige, wie zum Beispiel die Zierkirsche, bezaubern auch durch ihren zarten Duft.

Wer sich Zitruspflanzen anschaffen möchte, sollte dies jetzt tun, denn das Frühjahr ist die günstigste Zeit dafür. Die Pflanzen kommen aus der Überwinterung, sind wüchsig und man kann sie den ganzen Sommer über bis in den Herbst hinein auf dem Balkon oder der Terrasse genießen, da sie jetzt sowohl blühen als auch Früchte bilden. Beim Kauf ist darauf zu achten, dass die Pflanzen ihrem Alter entsprechend gut verzweigt sind und das Laub sattgrün ist. Außerdem muss der Ballen gut durchwurzelt sein und in einem durchlässigen Pflanzsubstrat sitzen. Idealer Standort sind Balkon und Terrasse mit Südlage.

ZIERKIRSCHE – *Prunus*

Das zauberhafte Ziergehölz ist ein reich blühender kleiner Baum oder mittelgroßer Strauch. Es gibt zahlreiche Arten und Sorten mit einfachen oder gefüllten Blüten in weißen und rosa Farbtönen, die sich im April und Mai öffnen. Die Zierkirsche braucht einen sonnigen Standort mit frischer bis feuchter Erde. Am besten kommt sie in Einzelstellung zur Geltung.

Der sommergrüne, 2–3 m hohe Strauch mit herzförmigen, frischgrünen Blättern und 10–20 cm dichten, langen Blütenrispen in – je nach Sorte – Weiß, Violett, Purpur oder Blau ist ein Klassiker im Garten, gedeiht aber auch im Kübel gut, wenn man ihn regelmäßig schneidet. Er braucht einen warmen, sonnigen bis halbschattigen Standort mit humusreicher, aber durchlässiger, konstant feuchter Erde. Unbedingt dafür sorgen, dass im Kübel keine Staunässe entsteht!

FLIEDER – *Syringa*

FORSYTHIE – *Forsythia × intermedia*

Kein Frühling ohne Forsythien – auch auf Balkon und Terrasse: Der buschig kompakte bis breit ausladende, 2–2,5 m hohe Strauch überzeugt mit seinen typischen gelben, glockenförmigen Blüten, die noch vor dem Blattaustrieb erscheinen. Die sommergrüne Forsythie braucht einen sonnigen bis halbschattigen Standort und gedeiht in sandig-lehmiger, durchlässiger Erde.

Der immergrüne Strauch trägt üppige und je nach Art und Sorte hell- oder dunkelrote, rosa, violette oder weiße Blüten. Er braucht einen halbschattigen bis schattigen Standort mit leicht feuchter, saurer Erde, am besten wählt man spezielle Rhododendronerde. Für die Kübelkultur kommen nur klein bleibende Arten infrage. Das Substrat darf nie austrocknen, aber auch nicht staunass sein.

RHODODENDRON – *Rhododendron*

KEIN SOMMERBALKON OHNE GERANIEN

Geranien – botanisch korrekt Pelargonien (*Pelargonium*) – sind die Klassiker unter den Balkonblumen. Einige Kästen mit einer Auswahl an stehenden und hängenden Sorten gelten bei vielen Balkongärtnern als Standardkonzept für den Sommerbalkon. Vorbild oder Anregung sind hier vor allem die üppig behangenen bäuerlichen Balkone der Alpenländer. Doch schon lange gilt die Pflanze nicht mehr als gestrig oder unmodern, denn in den letzten Jahren kamen zahlreiche attraktive Neuzüchtungen auf den Markt, weshalb die Geranie gerade auch von jungen Hobbygärtnern neu entdeckt wird. Denn für die Geranie spricht vor allem, dass sie eine der pflegeleichtesten

Balkonblumen ist. Die klassische Farbe für Balkongeranien ist Rot, es gibt Sorten in allen Nuancen von sehr hell bis sehr dunkel. Ebenfalls beliebt sind Sorten mit rosa und weißen Blüten. Dank der Züchter ist die Farbpalette jedoch noch nicht erschöpft. Sorten in auffällig leuchtenden Farben wie Pink und Violett haben längst die Herzen der Balkongärtner erobert. Außerdem gibt es Blüten in Modefarben wie Lachs, Dunkellila sowie Flieder. Immer beliebter werden auch sogenannte geäugte Geranien. Darunter versteht man Blüten mit schneeweißem Rand, die in eine rote Mitte übergehen, oder zum Beispiel pinkfarbene Blüten, die zum Rand hin rosa zerfließen.

Geranien schmücken seit jeher die Balkone alpenländischer Bauernhäuser.

Auch als Ampelpflanze entfaltet die Geranie ihre bewundernswerte Blütenfülle.

Eine Kombination aus roten und rosa Geranien sowie blau-weißen Petunien ist eine wahre Farborgie.

SO IST BLÜTENPRACHT GARANTIERT

Geranien sind Sonnenkinder: Sie halten pralle Sonne und hohe Temperaturen aus, ohne gleich zu vertrocknen. Auch längere Regenphasen schaden ihnen kaum, solange das Wasser gut ablaufen kann. Geranien haben keinen hohen Wasserbedarf, sollten in den Sommermonaten aber möglichst nicht ganz austrocknen. Sie neigen sonst dazu, zu kümmern und keine Blüten mehr zu bilden. Stehen Geranien zu lange nass, können sich Krankheiten ausbreiten, die Knospen öffnen sich nicht mehr. Beim Einpflanzen sollte man darauf achten, den Wurzelkranz am Ballen vorsichtig zu lockern. So fällt es den Pflanzen leichter, in die frische, nicht zu feine Erde einzuwur-

Vor einer weißen Wand kommen rote Geranien besonders gut zur Geltung.

Buchs und Kräuter stehen zu den leuchtend roten Geranien in einem hübschen Kontrast.

Mut zu verschiedenen Rottönen: Hier ergänzen hellrote Geranien ein großes Bukett aus roten, rosa und pink-weiß gestreiften Petunien, das von einer hübschen Keramik gekrönt wird.

zeln. Es lohnt sich, in hochwertige Geranienerde aus dem Fachhandel zu investieren. Außerdem darf das Pflanzgefäß nicht zu klein sein. Ein Balkonkasten mit 1 m Länge reicht für maximal fünf Pflanzen. Setzen Sie Geranien nie zu eng, denn je mehr Platz sie haben, desto üppiger wachsen sie. Außerdem sollte man den Balkonkasten, Pflanzkübel oder Topf zuunterst mit Steinen oder Dränagematerial auslegen, da die Pflanzen sehr empfindlich auf Staunässe reagieren. Regnet es tagelang, muss gewährleistet sein, dass das Wasser richtig ablaufen kann. Geranien sind »hungrige« Pflanzen. Um ihren Nährstoffbedarf zu decken, empfiehlt es sich, beim Einpflanzen einen Balkonblumen-Langzeitdünger direkt in das Substrat zu geben. Er versorgt die Pflanzen bis zu zwei Monate. Danach sollte man mit Geranien-Flüssigdünger nachdüngen.

MEIN TIPP

Geranien lassen sich sehr gut mit Petunien kombinieren. Es gibt sie in zahlreichen Farben und mittlerweile auch mit gefüllten Blüten. Ihre Blütezeit reicht bis in den Spätherbst hinein. Aufgrund ihres hängenden Wuchses eignen sich Petunien auch sehr gut für Blumenampeln.

GERANIEN AUS EIGENER ZUCHT

Wer ausreichend Platz zur Verfügung hat, kann Geranien auch selbst vermehren. Neue Pflanzen lassen sich aus Samen oder Stecklingen ziehen. Wenn man sich für die Anzucht aus Samen aus dem Fachhandel entscheidet, sollte man beim Kauf genau auf den Zustand des Samentütchens achten. Es darf weder beschädigt noch feucht sein, sonst keimen die Samen vermutlich nicht mehr richtig.

Bewährt ist auch die Vermehrung durch Stecklinge. Sie lässt sich das ganze Jahr über vornehmen. Der beste Zeitpunkt dafür ist jedoch der Herbst, ehe die Pflanzen ins Winterquartier umziehen. Dazu schneidet man etwa 10 cm lange Spitzen von kräftigen Trieben unterhalb eines Blattansatzes mit einem scharfen Messer ab, steckt sie 2 cm tief in Töpfe mit Anzuchterde und gießt sie an. Nach etwa einem Monat treiben die Stecklinge neue Blätter und können umgepflanzt werden.

GERANIEN ÜBERWINTERN

Wer sich den ganzen Sommer an der Blütenpracht seiner Geranien auf dem Balkon erfreut hat, dem fällt es schwer, sich im Herbst von ihnen zu trennen. Das ist aber auch gar nicht nötig, denn Geranien lassen sich gut überwintern. Man muss für sie nur ein geeignetes Winterquartier schaffen. Wenn die Tage kürzer und die Nächte auch langsam kälter werden, bringt man die Pflanzen mitsamt des Topfs – oder im Kasten – an einen kühlen Ort, der ihnen gleichzeitig aber auch genug Licht bietet. Dort sollten die Temperaturen bei etwa 10–14 °C liegen. Man muss Geranien nicht unbedingt schon im Herbst zurückschneiden, sondern kann dies problemlos auch noch im Frühjahr nachholen. Das Zurückschneiden im Herbst hat allerdings den Vorteil, dass sich die Pflanzen im Folgejahr umso besser und kräftiger entwickeln. Dazu schneidet man sie einfach auf etwa 15 cm zurück und stellt sie bis zum Frühling ins Winterquartier. Ein wichtiger Aspekt bei der Überwinterung ist, dass das Substrat nicht zu trocken werden darf, sonst sterben die Pflanzen ab – also keinesfalls austrocknen lassen, aber auch nicht zu häufig gießen! Im Februar schneidet man die Geranien wieder bis auf vier Knospen zurück und entfernt kranke oder welke Pflanzenteile. Topft man sie dann noch in neue Pflanzerde, sind sie auch schon bereit und fit für die neue Balkonsaison. Bis dahin bleiben sie aber noch im schützenden Winterquartier. Ist der Frühling dann endlich da, stellt man die Geranien wieder – etwas geschützt – auf den Balkon, wo sie direkt anfangen, neu auszutreiben.

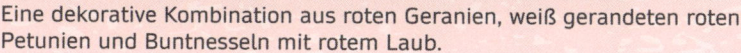

Eine dekorative Kombination aus roten Geranien, weiß gerandeten roten Petunien und Buntnesseln mit rotem Laub.

EIN KLEINER ROSENGARTEN

Nicht nur in der Blumensprache ist die Rose ein Symbol für die Liebe. Auch die Herzen vieler Hobbygärtner schlagen für die Königin der Blumen. Sechs Monate Blühzeit – vom ersten Flor im Mai bis zur eisüberzuckerten letzten Blüte im November oder Dezember – sind für moderne Rosen eher die Regel als die Ausnahme. Die erste Blüte im Mai und Juni fällt oft besonders üppig aus. Danach folgen regelmäßig neue Knospen und Blüten bis zum Frost. Je nach Sorte kann es in den heißen Hochsommertagen zu einer Blühpause kommen, welche die Rosen dann aber oft mit einem zweiten Flor wieder wettmachen. Wer nur einen Balkon oder eine Terrasse hat und dennoch eine Rose unterbringen möchte, kann ganz einfach zum Kübel greifen. Denn um zu gedeihen, müssen Rosen nicht unbedingt in ein Beet gesetzt werden. Sie wachsen auch in Töpfen, wenn Pflanzgefäß und Substrat stimmen, der Standort richtig gewählt wird und sie nicht zu viel, aber auch nicht zu wenig Wasser bekommen. Mit der richtigen Pflege wird eine Rose mit ihren Blüten auch im Topf über Jahre das Auge erfreuen.

Die Rose 'Super Excelsa', unterpflanzt mit Zauberglöckchen, Heiligenkraut und Lavendel.

VIELFALT IM ÜBERBLICK

Auch im Balkon- und Terrassengarten lassen sich mit Rosen aufgrund ihrer Vielfalt die unterschiedlichsten Gestaltungsmöglichkeiten umsetzen. Für Pflanzgefäße wie Balkonkästen eignen sich stecklingsvermehrte, sogenannte wurzelechte Rosen, die nicht so tief wurzeln. Diese kleinwüchsigen Rosen aus der Gruppe der Bodendecker- und Zwergrosen füllen durch ihren breitbuschigen Wuchs den Balkonkasten perfekt. Rosen können aber auch einzeln als Solitäre stehen, sich an einer Hauswand oder Pergola emporranken oder sich zu einem dekorativen Bogen formen. Kletterrosen oder Hochstämmchen sind die perfekte Wahl, um zum Beispiel Sitzplätze stilvoll einzurahmen. Bewährte Begleitpflanzen wie Lavendel, Rittersporn, Glockenblumen oder Männertreu sind auch auf Balkon und Terrasse der geeignete »Hofstaat« für die Rose. Die Auswahl an robusten Rosensorten ist heute groß und erfüllt nahezu jeden Farb- und Duftwunsch für eine zauberhafte Kulisse.

- **Zwergrosen** werden maximal 30 cm hoch und sind deshalb ideal für die Topfpflanzung. Die öfterblühenden Rosensorten blühen in Kästen unermüdlich von Mai bis September.
- **Bodendeckerrosen** (40–60 cm) variieren in ihrer Wuchsform von aufliegend bis kompakt über weit ausbreitend bis bogig überhängend. Ihre einfachen bis dicht gefüllten, in Büscheln stehenden Blüten erscheinen von Juni bis Oktober.
- **Strauchrosen** wachsen häufig über 2 m hoch, tragen einfache oder gefüllte Blüten und sind einmal-, öfter- oder dauerblühend. Zu ihnen zählen Alte und Englische Rosen mit ihrem romantischen Zauber sowie moderne Sorten. Sie wirken vor allem frei stehend.

- **Hochstamm-Rosen** sind auf 60–140 cm hohen Wildrosenstämmen veredelte groß- oder büschelblütige Sorten und wirken am schönsten als Einzelpflanzen.
- **Kletterrosen** unterscheidet man nach Wuchs und Blüte. Sogenannte Climber besitzen steife und aufrecht wachsende Triebe und ranken ohne Stütze bis zu 6 m in die Höhe. Der büschelblütige Flor erscheint je nach Sorte einmalblühend (Juni/Juli) oder mit mehrfacher Nachblüte. Rambler haben dünne, kriechende oder hängende Triebe und benötigen eine Rankhilfe. Die kleinen Blütenbüschel erscheinen bei den meisten Sorten nur einmal im Jahr (Juni/Juli).

ROSENDUFT ZUM TRÄUMEN

Eine windgeschützte Ecke auf der Terrasse ist der ideale Platz für einen kleinen Rosen-Duftgarten, denn Rosen verbinden Duft und Schönheit auf einzigartige Weise. Allerdings sollte man die verschiedenen Rosendüfte nicht zu wild mischen. Wer frische, fruchtige Aromen liebt, sollte besser darauf verzichten, diese mit schweren oder lieblichen Düften zu kombinieren. Am intensivsten duften Rosen in den Morgen- und Abendstunden. Herrlichen Rosenduft verströmen insbesondere historische Sorten wie Bourbon- oder Portlandrosen, aber auch unter den Strauch- und Edelrosen sowie Kletterrosen gibt es Sorten, die betörend duften. Um ihren Duft zu genießen und der Terrasse einen Flair von Dornröschen zu verleihen, kann man sie zum Beispiel durch ein Spalier an der Hauswand in Richtung Terrasse leiten oder an einer Pergola neben der Terrasse emporwachsen lassen. Die blau-violetten Blüten von Lavendel und Katzenminze sind die idealen Duft-Begleiter für Rosen. Malerische Kompositionen ergeben sich, wenn diese blau blühenden Stauden mit rosa oder gelb blühenden Rosen kombiniert werden.

Rosen können nicht von alleine klettern, sie brauchen deshalb eine Rankhilfe, zum Beispiel ein Spalier.

Wenn Gefäß und Blumenerde stimmen, dann gedeihen Rosen auch im Topf sehr gut.

Die schönsten Rosenbegleiter

Rosen brauchen Blütenpflanzen an ihrer Seite, die zwischen den Schönheiten vermitteln und sich selbst im Hintergrund halten.

• Duftsteinrich (*Lobularia maritima*), weiß, rosa
• Frauenmantel (*Alchemilla mollis*), gelb, bis 40 cm
• Glockenblume (*Campanula*), blau, weiß, rosa
• Lavendel (*Lavandula*), blau, violett
• Rittersporn (*Delphinium*-Hybriden), blau, weiß, rosa, bis 120 cm
• Salbei (*Salvia*) blau, violett
• Schleierkraut (*Gypsophila repens*), weiß, bis 20 cm
• Vanilleblume (*Heliotropium arborescens*), violett
• Gräser, zum Beispiel Reitgras (*Calamagrosti × acutiflora*)

ROSEN RICHTIG PFLEGEN

Die Bedingungen, die auf Balkon und Terrasse herrschen, setzen die Pflanzen unter Stress. Das verkraften nur robuste Sorten von namhaften Züchtern. Grundsätzlich haben Rosen, die in Gefäßen kultiviert werden, die gleichen Ansprüche wie Gartenrosen. Der Standort muss nicht immer die Südseite mit voller Sonne sein. Für guten Wuchs und üppige Blüte sind aber mindestens 5–6 Stunden Sonne pro Tag nötig. Da jedoch der Wurzelraum eingeschränkt ist, spielt die Größe des Pflanzgefäßes eine wichtige Rolle. Dabei ist für Rosen die Höhe entscheidender als der Durchmesser. Das Volumen des Gefäßes sollte mindestens 10 Liter, besser noch 20, 30 oder bei sehr wüchsigen Sorten sogar 40 Liter betragen. Zum Eintopfen eignet sich handelsübliche Pflanzerde oder auch eine speziell gemischte Rosenerde. Trotz fachgerechter Düngung ist aber in jedem Pflanzgefäß die Erde nach einer gewissen Zeit ausgelaugt. Deshalb sollte man der Rose nach zwei, spätestens nach drei Jahren frische Erde gönnen. Dem richtigen Wässern kommt bei Topfrosen eine Schlüsselfunktion zu, denn die Erde trocknet im Gefäß natürlich viel schneller aus als im Freiland. Gegossen werden sollte gleichmäßig, denn zu viel Wasser ist für Rosen ebenso abträglich wie zu wenig. In zu nasser Erde sterben die Wurzeln ab und die Pflanzen können sich dann nicht mehr

Der leuchtend blaue Rittersporn ist ein idealer Begleiter für Rosen.

MEIN TIPP

Gesunde und reich blühende Rosen garantiert das ADR-Prädikat (Allgemeine Deutsche Rosenneuheitenprüfung). Es wird nur an Neuheiten verliehen, die besonders widerstandsfähig sind. Trägt eine Rose das ADR-Siegel, handelt es sich um eine robuste, winterharte und blühfreudige Sorte.

optimal versorgen. Wichtig ist, dass überschüssiges Gieß- und Regenwasser immer zügig abfließen kann. Eine Schicht Kieselsteine oder Tonscherben am Boden des Pflanzgefäßes dienen als wirkungsvolle Dränage. Öfter blühende Rosen sind »Hochleistungssportler«, die für dauerhaftes Blühen zusätzliche Nahrung benötigen. Mineraldünger sollte man jeweils vor der Hauptblüte, also im April und Juni verabreichen, bei Vorratsdüngern reicht in der Regel eine Gabe im März. Da Rosen im Topf häufiger gewässert werden als im Gartenboden, können auch mehr Nährstoffe ausgewaschen werden. Sollte die Pflanze also Mangelerscheinungen zeigen, benötigt sie noch einen Düngernachschlag. Beim Schnitt geht man bei Topfrosen nicht anders vor als bei Gartenrosen. Der Hauptschnitt erfolgt im Frühjahr. Die meisten Sorten werden auf etwa ein Drittel der Wuchshöhe zurückgeschnitten. Der Sommerschnitt besteht nur darin, die Rose kontinuierlich auszuputzen, d. h. verblühte Blüten zu entfernen.

WINTERPFLEGE

Auch im Winter brauchen Kübelrosen Pflege. Überwintern sie im Freien, müssen die Ballen geschützt werden, indem man dicke Noppenfolie oder Strohmatten um den Kübel wickelt. Wie bei Pflanzen im Gartenboden sollte man die Rosen auch im Gefäß anhäufeln, um die Basis der Pflanzen mit der empfindlichen Veredlungsstelle vor zu kalten Temperaturen zu schützen. Frei liegende Triebe erhalten eine Abdeckung aus Reisig oder Sackleinen zum Schutz vor Windschäden. An frostfreien Tagen müssen die Pflanzen weiterhin gegossen werden.

Mit ihren zauberhaften Blüten sorgen Alte Rosen für Romantik auf dem Balkon.

Den Sommerschnitt nimmt man nach der Blüte vor. Er fördert die Bildung neuer Blüten.

Die Spalierrose ist mit Tannenzweigen winterfest und dekorativ verpackt. So kann Frost ihr nichts anhaben.

WASSERSPASS AUF KLEINSTEM RAUM

Wasser als gärtnerisches Gestaltungselement gewinnt zunehmend auch bei der Bepflanzung von Freiräumen am Haus an Bedeutung. So muss der Balkon- und Terrassengärtner nicht auf den Traum vom blühenden Wassergarten verzichten. Denn dieser lässt sich auch auf kleinem, sogar kleinstem Raum verwirklichen. Mit schön bepflanzten Miniteichen kann man auch auf Balkon und Terrasse ein Stück Natur verwirklichen. Soll die Mini-Wasserlandschaft auf einem Balkon angelegt werden, müssen zunächst unbedingt dessen Tragfähigkeit und die Möglichkeit der Entwässerung geprüft werden. Letztere erfolgt in der Regel über ein Gefälle in eine Regenrinne oder einen Wasserspeier. Diese sollten mehrmals im Jahr gereinigt werden.

In Mietwohnungen müssen fest gemauerte Miniteiche und Wasseranschlüsse auf Balkon und Terrasse vom Vermieter genehmigt werden. Bei Eigentumswohnungen ist die Genehmigung der Eigentümergemeinschaft einzuholen.

MEIN TIPP

Zur Berechnung des zu erwartenden Gewichts hat sich folgende Regel bewährt: Eigengewicht des Pflanzgefäßes plus dessen Inhalt in Litern mal 1,7 Kilogramm. Zur Sicherheit sollten Sie jedoch immer einen Statiker fragen, ob die Tragfähigkeit des Balkons ausreichend ist.

Prächtige Schwimmblattpflanzen wie die edlen Seerosen verleihen dem Miniteich erst seinen Charme. Im Winter stellt man Seerosen jedoch besser im Haus an einen kühlen Platz.

STANDORTBEDINGUNGEN

Der optimale Standort für eine Miniteich-Anlage ist ein Platz im Halbschatten. Wasserpflanzen benötigen Licht, um überhaupt wachsen zu können, dürfen allerdings nicht der prallen Sonne ausgesetzt sein. Diese schadet zwar den meisten Wasserpflanzen nicht, sorgt aber für übermäßiges Algenwachstum. Aus diesem Grund sollte der Miniteich am besten mit weichem Wasser oder Regenwasser befüllt werden. Es verhindert, dass Algen zu stark wachsen. Wenn das Teichgefäß frostfest ist, kann man den Miniteich sogar über Winter auf dem Balkon oder der Terrasse stehen lassen. Vorsicht: Nicht frostfeste Gefäße können platzen, da sich gefrorenes Wasser ausdehnt.

DEN MINITEICH ANLEGEN UND BEPFLANZEN

Neben einer klassischen Teichschale aus Kunststoff lassen sich auch alte Holzfässer und Steintröge als Teich verwenden – der Kreativität sind keine Grenzen gesetzt. Ist das gewählte Gefäß wasserdurchlässig, muss es mit wasserdichtem Material wie beispielsweise Teichfolie ausgekleidet werden. Bei der Auswahl des Gefäßes sollte man bedenken, welche Pflanzen man später in den Miniteich setzen möchte und welche Wassertiefe diese brauchen. Flache Gefäße eignen sich nur für wenige Pflanzenarten, und die Pflege ist aufwendiger, weil das Wasser rasch verdunstet und öfter nachgefüllt werden muss.

Ein wenig Technik

Damit immer genügend Luftaustausch im Wasser stattfindet, sind Pumpen sinnvoll, die das Wasser entweder über einen Filter umwälzen oder die ein Wasserspiel – einen Speier oder einen Springbrunnen – antreiben. Bewegung tut dem Miniteich gut und beugt auch der Bildung von Faulgasen vor.

Den Miniteich bepflanzen

Etwa 40 cm Wassertiefe sollte ein Miniteich seinen Bewohnern schon bieten. Ist der passende Behälter gefunden, füllt man zuerst gewaschenen Kies ein, bis der Boden einige Zentimeter hoch bedeckt ist. Größere Pflanzen werden anschließend gleich in den Boden eingesetzt, kleinere Sumpfpflanzen im Pflanzkörbchen stellt man auf gestapelte Ziegelsteine. Um gestalterisch die jeweils passende Höhe für die Pflanztöpfe zu finden, unterlegt man sie mit großen Steinen.

Pflanzenpracht im Miniteich: Von Seerosen bis zum Rohrkolben finden Wasser- und Sumpfpflanzen Platz.

WASSERPFLANZEN AUSWÄHLEN

Für einen Miniteich eignen sich vor allem Teichpflanzen, die eine geringe bis mittlere Wassertiefe bevorzugen und möglichst kleinwüchsig sind. Lassen Sie sich bei der Pflanzenauswahl unbedingt im Fachhandel im Hinblick auf die künftigen Standortbedingungen genau beraten. Entscheidend sind die Größe und vor allem die Tiefe des geplanten Miniteichs. Schwimmpflanzen wie Wassersalat oder Wasserhyazinthen werden einfach ins Wasser gesetzt. Sie kommen ohne große Wassertiefe aus und brauchen weder ein Gefäß noch Erde. Sie beschatten das Wasser recht schnell und sorgen dafür, dass es sich nicht zu schnell aufheizt. Man kann natürlich auch Töpfe mit Pflanzen auf Steine stellen, um ihnen die benötigte Wassertiefe zu bieten. Ideal ist eine Kombination aus einigen Schwimmpflanzen und getopften Einzelpflanzen. Auch Seerosen können Sie einsetzen. Sie gedeihen aber erst ab einer Wassertiefe von 50 cm und müssen in Töpfen auf dem Grund des Miniteichs versenkt werden. Dazu sind ein Gittergefäß und schweres Substrat erforderlich, damit die Wurzeln nicht an die Wasseroberfläche treiben.

Eine Miniteich-Anlage wirkt besonders lebendig, wenn der Blick vielleicht auf eine kleine Skulptur, ein Wasserspiel, einen schönen Stein oder eine knorrige Wurzel fällt. Dies trägt zur Auflockerung der Bepflanzung bei. Mit Steinen und Wurzeln lassen sich zudem Ränder oder unschöne Ecken und technisches Zubehör verdecken.

Ein kleines Wasserparadies mit Schwertlilie, Sumpfhelmkraut und Sternsegge (*Rhynchospora latifolia*).

PFLEGEARBEITEN

Sobald der Teich fertig eingerichtet und bepflanzt ist, hält sich der Pflegeaufwand in Grenzen. Man sollte nur regelmäßig Algen abschöpfen und abgestorbene Pflanzenteile entfernen. Im Winter muss man den Miniteich vor Frost schützen und einpacken. Dazu eignen sich Kokosmatten, Plastikfolie und Vlies-Material aus dem Baumarkt.

Die Zwerg-Seerose entfaltet wunderschöne stern-förmige 3–7,5 cm große Blüten. Es gibt sie in Weiß, Karmesinrot, Hellgelb und Rosa. Die ovalen Blätter sind etwa 10 cm lang. Die Pflanze ist mit ihren Wuchseigenschaften und ihrer spektakulären Blüten-pracht wie geschaffen für einen Miniteich und eignet sich gut für das Zentrum eines Pflanzarrangements.

ZWERG-SEEROSE – *Nymphaea tetragona (syn. pygmaea)*

Diese schwimmende Wasserpflanze punktet mit auffälligen Blüten. Der Blattstiel ist aufgeblasen und schwammig, um das Schwimmen auf dem Wasser zu erleichtern. Im Frühling produziert die Pflanze eine Ähre aus zahlreichen blau-violetten Blüten, den oberen Rand der Blütenblätter zieren gelbe Flecken. Da die Pflanze aus dem tropischen Brasilien stammt, ist sie bei uns nicht winterhart und muss im Haus überwintern.

WASSERHYAZINTHE – *Eichhornia crassipes*

MEDITERRANE TRÄUME AUF DER TERRASSE

Auf dieser Terrasse entfaltet sich der ganze Zauber des Südens. Kübel-pflanzen, Korbmöbel und Terrakotta-Elemente harmonieren perfekt.

MEIN TIPP

Mediterrane Pflanzen sollten nicht dauerhaft feucht gehalten, sondern in größeren Abständen gegossen werden. Man lässt die Erde bis zum nächsten Wässern gut abtrocknen. In heißen Sommern kann allerdings tägliches Gießen nötig werden.

Warum in die Ferne schweifen – mit einem Arrangement aus mediterranen Pflanzen, den passenden Gefäßen und Accessoires lässt sich ein Hauch von Mittelmeer und ein Stückchen Urlaub auf die heimische Terrasse holen. Erinnerungen an vergangene Reisen werden wach und man lässt sich bei der Bepflanzung einfach von südländischen Gestaltungsideen inspirieren. Dazu sind keineswegs ausschließlich große Gewächse nötig, bereits kleinere Solisten sorgen für südlichen Charme und Urlaubsgefühle. Die Auswahl an Mittelmeerpflanzen ist groß, sodass sich für jeden Pflanzenliebhaber Arten nach seinem Geschmack finden lassen.

Bei der Bepflanzung sollte man darauf achten, dass südländische Gärten niemals überladen wirken und jede Pflanze, ob mit Blüten oder Blattschmuck, ihre eigene Wirkung erzielt. Ab Mai können die Südländer auch bei uns ihren Platz auf der Terrasse beziehen. In sonnigen Sommern blühen sie hier üppig und verströmen ihre Düfte. Ein Mittelmeer-Klassiker ist natürlich der Oleander (*Nerium oleander*). Dank zahlreicher Züchtungen reicht sein Blütenspektrum von einfachen über halbgefüllte bis zu gefüllten Sorten, die Farbpalette bietet rote, weiße, purpurne, gelborange oder rosafarbene Blüten, die ihre Schönheit ab Juni entfalten. Einige Sorten duften sogar. Ein weiterer typischer Gast aus dem Mittelmeerraum ist der Olivenbaum (*Olea europaea*). Er ist zwar ein richtiger Sonnenanbeter, bildet aber nicht selten auch in unseren Breiten reife Früchte aus.

Eine sonnige Terrasse ist ideal für den Oleander. Hier wächst er zu einem üppigen Strauch heran.

IDEALE ERGÄNZUNG: EXOTISCHE KÜBELPFLANZEN

Ein Hauch von Exotik lässt sich mit Kübelpflanzen vermitteln, die zum Teil aus Asien oder Südamerika stammen, sich längst aber auch zum Beispiel im Mittelmeerraum etabliert haben. Sie müssen bei uns alle im Haus überwintern, bereichern Balkon und Terrasse jedoch mit exotischer Blütenpracht. Bekannt für ihre überschäumende und lang anhaltende Blütenfülle ist zum Beispiel die Bougainvillee (*Bougainvillea*). Neben den bizarren, feuerroten Blüten des Zylinderputzers (*Callistemon*) machen sich auch die violetten Blütenrädchen des Enzianstrauchs (*Solanum*) gut. Der weiß blühende Sternjasmin (*Trachelospermum*) verströmt süßen Duft. Mit leuchtend roten Blüten und glänzend grünen, ledrigen Blättern schmückt sich der Granatapfel (*Punica granatum*).

Der Granatapfel ist eine uralte Kulturpflanze. Seine Blüten sind orange, rot oder weiß, die Früchte rot.

Reibt man Lorbeerblätter zwischen den Fingern, setzen sie ihren aromatischer Duft frei.

Orangenbäumchen gibt es in zahlreichen Sorten. Einige davon eignen sich gut als Kübelpflanzen.

Die aromatischen Blätter eines Lorbeerbäumchens (*Laurus nobilis*) kann man frisch vom Strauch ernten und in der Küche verwenden.

EINE KLEINE ORANGERIE

Zitrone, Orange, Mandarine und Kumquat zählen dank ihres satten Grüns, dank ihrer süß duftenden Blüten und farbenprächtigen Früchte in leuchtenden Gelb- bis Orangetönen zu den beliebtesten Kübelpflanzen. Mit diesen Zitruspflanzen holt man sich ein Stück vom sonnigen Süden nach Hause.

Die günstigste Zeit für den Kauf der Pflanzen ist das Frühjahr. Weil Zitruspflanzen gleichzeitig blühen und Früchte bilden, sind die Pflanzen den ganzen Sommer über auf Balkon und Terrasse eine Augenweide. Für Atmosphäre im Zitrusgarten sorgt ein gewisses Volumen an Blattwerk. Dies ergibt sich, wenn man klein- und großblättrige sowie regelmäßig verzweigte mit starr wachsenden Arten und Sorten kombiniert.

Für einen gestalterischen Effekt sorgt bereits eine Gruppe aus drei verschiedenen Zitrusgewächsen wie beispielsweise ein Zitronenstrauch, eine Calamondin-Orange als Viertelstämmchen und eine halbstämmige Pomeranze.

Was Zitruspflanzen brauchen

Zitruspflanzen sind robuster als allgemein angenommen. Jedoch sind ihre Ansprüche von Art zu Art unterschiedlich. Die meisten brauchen einen sonnigen und luftigen Platz, sind allerdings windempfindlich und vertragen keine Zugluft. Als dekorativer und kontrastreicher Windschutz bietet sich zum Beispiel ein Holzspalier oder ein Rankgitter an, an dem sich immergrüne Kletterpflanzen emporranken.

Zitruspflanzen müssen regelmäßig gegossen werden, und zwar nur in den Morgen- oder den frühen Abendstunden. Im Sommerregen fühlen sie sich wohl, zumal sie keinen Schmutz auf ihren Blättern vertragen.

Zitruspflanzen sind windempfindlich und brauchen einen geschützten Platz.

Accessoires im mediterranen Stil sorgen dafür, dass man sich auf dieser Terrasse wie im Urlaub fühlt.

MEIN TIPP

Neuen Tontöpfen kann man mit einem einfachen Handgriff zu einer antik wirkenden Patina verhelfen: Den Topf in Wasser tauchen, abtropfen lassen, mit Joghurt bestreichen und an einen schattigen Platz stellen. Nach einigen Wochen sieht er aus, als habe er schon viele Jahre auf der Terrasse einer Landhausvilla in der Toskana verbracht und verleiht dem Balkongarten einen idyllisch-mediterranen Charme.

Exotisch und doch anspruchslos: Die Fächerpalme erfordert nur geringen Pflegeaufwand.

PALMEN VERMITTELN URLAUBSFEELING

Palmen – allein das Wort genügt, um Assoziationen von Sommer, Sonne, weißem Strand und blauem Meer wachzurufen. Deshalb kann man im mediterranen Topfgarten kaum auf sie verzichten, zumal viele Zimmerpalmen sich in der Sommerfrische sehr wohlfühlen. Wenn Sie also im Haus bereits Zimmerpalmen kultivieren, dürfen diese im Sommer ruhig den anderen Balkon- oder Terrassenpflanzen Gesellschaft leisten. Das Licht- und Schattenspiel der Palmwedel in einer leichten Sommerbrise vermittelt einen Hauch von Strandfeeling. Palmen sind nicht nur überaus dekorativ, sie zählen auch zu den pflegeleichtesten und sehr langlebigen Kübelpflanzen. Im Sommer braucht man sie nur einmal pro Woche zu gießen, dann aber reichlich. Zwischen den Wassergaben muss das Substrat gut abtrocknen. In der Freiluftsaison sollte man die Pflanzen zwei- bis viermal monatlich düngen.

Mediterrane Accessoires

Für Mittelmeerambiente sorgen nicht nur südländische Pflanzen, sondern auch die dazu passenden Accessoires. Dazu gehören insbesondere verschieden geformte und verzierte Pflanzgefäße und stilisierte Pinienzapfen, Amphoren und Skulpturen aus Terrakotta, Ton oder Stein sowie diverse Keramik (Vasen, Schalen und Wandteller) aus den Mittelmeerländern. Korbmöbel oder Bistrotische mit den passenden Stühlen aus Eisen sowie Tischdecken, Überwürfe und Kissen in kräftigen Farben und Mustern zaubern mediterranen Lebensstil auf die heimische Terrasse und vermitteln Urlaubsgefühle.

Ein kontrastreiches Arrangement aus frischem, zartem Grün und erdfarbenen Terrakotta-Gefäßen und -Skulpturen.

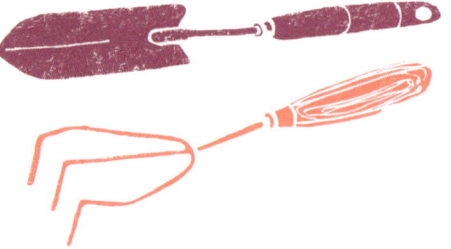

OLIVE – *Olea europaea*

ECHTE FEIGE – *Ficus carica*

Damit sich ein Olivenbäumchen schön verzweigt, braucht es einen regelmäßigen Schnitt. Oliven benötigen einen warmen, vollsonnigen Standort mit durchlässiger Erde. Man gießt sie in größeren Abständen, dann aber reichlich. Bei selbstfruchtbaren Sorten entwickeln sich aus den gelben, duftenden Blüten auch bei uns grüne Olivenfrüchte.

Die typischen großen, handförmigen Blätter machen die Feige zu einer der dekorativsten Kübelpflanzen. Früchte, die im Herbst nicht mehr ausreifen, überwintern mit etwas Glück und reifen dann im folgenden Frühjahr/Sommer aus. Bis die Blätter ausgewachsen sind, sollten Feigen hell, später sonnig und warm stehen. In der Wachstumsphase reichlich gießen.

OLEANDER – *Nerium oleander*

BOUGAINVILLEE – *Bougainvillea*

Der Oleander ist ein Klassiker unter den Kübelpflanzen. Er wächst buschig und wird je nach Sorte bis zu 4 m hoch. Von Juni bis Oktober blüht er üppig. Oleander braucht einen warmen, vollsonnigen, regengeschützten Standort und normale Pflanzerde. Im Sommer muss man ihn reichlich gießen, Oleander liebt es, wenn im Untersatz Wasser steht. Bis August wöchentlich düngen.

Was uns an der Bougainvillee so fasziniert, sind die leuchtend bunten Hochblätter. Sie verdecken die unscheinbaren, cremefarbenen Blüten. Durch regelmäßigen Rückschnitt lässt sich die Kletterpflanze auch zu Büschen oder Stämmchen formen. Je wärmer und sonniger der Standort, umso üppiger die Blüte. Gleichmäßig feucht halten und wöchentlich düngen.

BLÜTENKASKADEN AUF AUGENHÖHE

Vielleicht stehen auf Ihrem Balkon oder Ihrer Terrasse Kästen und Kübel bereits dicht an dicht, der Raum reicht gerade noch für einen Sitzplatz. Sie möchten aber noch mehr Pflanzen? Auch für dieses Problem gibt es eine gute und zugleich dekorative Lösung. Mit einem »hängenden Garten« können zusätzliche Pflanzgefäße und -körbe in Augenhöhe das kleine Gartenparadies einfach und attraktiv erweitern. Hier lässt sich eine traditionelle und dekorative Pflanzidee aus England umsetzen: die sogenannten Hanging Baskets (hängende Körbe). Dort zieren sie allerdings meist an öffentlichen Plätzen Straßenlaternenmasten oder Regenfallrohre. Die große Kunst bei der Bepflanzung von Hanging Baskets ist es, eine gelungene Komposition aus Farben und Blattstrukturen sowie aus hängenden und aufrecht wachsenden Pflanzen zusammenzustellen, die gemeinsam auf kleinstem Raum gedeihen. Ideal geeignet sind Saisonpflanzen – also Sommerblumen –, sie entwickeln sich im Verlauf eines Jahres prächtig und blühen meist durchgehend. Die Mühe mit der Überwinterung entfällt, da die Pflanzen der Jahreszeit entsprechend ausgetauscht werden können.

Typisch englisch: Hier schmücken zwei duftig bepflanzte Hanging Baskets eine wunderschöne alte Straßenlaterne in London. Doch auch bei uns sind die reich bepflanzten Körbe schon lange verbreitet.

BLÜTENFLOR FÜR EINE SAISON

Für eine frostunempfindliche und farbenfrohe Bepflanzung im zeitigen Frühjahr bieten sich Frühlingsblumen wie Stiefmütterchen, Vergissmeinnicht, Primeln, Traubenhyazinthen und Goldlack an.

In den Sommermonaten sorgen hängende Balkonpflanzen wie Petunien, Pelargonien, Fuchsien, Begonien oder auch Verbenen, passend zum jeweiligen Standort – sonnig oder halbschattig –, für leuchtend bunte Blütenpracht. Zu den fröhlich-bunten Blüten kombiniert man darüber hinaus Pflanzen wie Silberregen, Indianerminze oder auch die Weihrauchpflanze. Sie alle tragen mit einer schönen Blattstruktur zu einer gelungenen Bepflanzung bei. Mittlerweile werden Balkonblumen bereits als Gruppe mit drei verschiedenen Pflanzen in einem Topf angeboten – beispielsweise Petunien, Verbenen und Zauberglöckchen in unterschiedlichen Farben. Sie sind perfekt für Hanging Baskets, da man mit nur einer Pflanze quasi gleich ein kleines Arrangement bekommt. Herbstpflanzen wie Erika, Chrysanthemen oder Astern halten auch einige Kältegrade aus.

HANGING BASKETS DAUERHAFT BEPFLANZEN

Wer nicht jedes Jahr neue Pflanzen setzen will, wählt für seinen hängenden Garten mehrjährige Arten. Viele dieser winterharten Blütenstauden blühen zwar nur eine Zeit lang, wirken aber in der Zeit vor und nach der Blüte durch ihr schönes Laub. Abgesehen von Blütenstauden lassen sich aber auch Erdbeeren oder kriechend bzw. hängend wachsende Kräuter in Gitterkörbe einsetzen, wo sie nicht nur zum Schauen, sondern auch zum Naschen einladen.

MIT PFLANZEN GESTALTEN

Die Wirkung einzelner Pflanzen im Gitterkorb lässt sich durch eine gezielte Auswahl und Zusammenstellung nach ihrer Wuchsform noch verstärken. Kriechende oder Ausläufer bildende Pflanzen wie Fächerblume, Efeu oder Hänge-Pelargonie bilden dekorative Pflanzenvorhänge. Polsterförmig wach-

Einfach und wirkungsvoll: Petunien sind ideal für Hanging Baskets, weil sie üppig blühen und leicht überhängend wachsen.

sende Arten wie Mittagsblume und Gazanie sorgen am Gefäßrand für einen schönen Übergang zwischen der oberen Pflanzenetage und nach unten hängenden Trieben. Strauchig überhängende Arten wie Hänge-Fuchsien oder Hänge-Begonien lassen ihre Blütentriebe sowohl nach oben als auch nach unten wachsen. Aufrecht wachsende Pflanzen wie Küchenkräuter krönen das Pflanzenarrangement.

Es lohnt sich, sich etwas Zeit zu nehmen und das Arrangement für einen Hanging Basket in Ruhe zusammenzustellen: So wird das Ergebnis zu einem echten Hingucker.

BEPFLANZEN UND PFLEGEN

Weil ein Gitterkorb kein dichtes Pflanzgefäß ist, wird ein Hanging Basket vor dem Bepflanzen mit einem entsprechenden Innenleben aus einer Folie sowie einer Schicht Naturmaterial wie zum Beispiel Sphagnum versehen. Erst dann füllt man das Substrat ein und bepflanzt den Korb. Wie man dabei vorgeht, ist auf Seite 37 genau beschrieben.

Weil wie in anderen Gefäßen auch in Hanging Baskets der Wurzelraum begrenzt ist und nicht viel Wasser speichern kann, müssen sie im Sommer täglich gewässert werden. Ein alle zwei Wochen verabreichter Balkonblumendünger sorgt dafür, dass die Pflanzen üppig wachsen. Außerdem sollte man regelmäßig die verblühten Triebe auskneifen, damit sich neue Blütenknospen bilden können. Am besten werfen Sie jeden Tag einen prüfenden Blick auf Ihre Hanging Baskets, dann können Sie sofort eingreifen, falls Pflegemaßnahmen nötig sind.

Ein frisch bepflanzter Hanging Basket: Nach und nach werden sich Petunien und Lakritz-Strohblume elegant über den Rand des Korbes neigen und das Kokosvlies überdecken.

Weniger ist manchmal mehr: Geschickt kombiniert bieten auch nur wenige Arten einen schönen Anblick.

Mit der Zeit wird dieser rundum bepflanzte Hanging Basket zu einer wahren »Blumenkugel« werden.

MEIN TIPP

Bei der Auswahl der Pflanzen sollte man unbedingt darauf achten, dass sie sowohl in ihren Standortansprüchen als auch ihrer Wuchsstärke zusammenpassen. Sonst werden schwachwüchsige Arten rasch überwuchert oder der ganze Korb gerät in »Schieflage«. Harmonisch wirkt eine Kombination aus 5–7 Pflanzen, die sich teils wiederholen.

DUFTPFLANZEN – EIN SINNLICHES ERLEBNIS

In einem arabischen Sprichwort heißt es: »Ein Tag ohne Dufterlebnisse ist ein verlorener Tag«. Daher mutet es beinahe paradiesisch an, wenn man auf Balkon oder Terrasse im Liegestuhl die Seele baumeln lassen kann und die Luft ringsum von zartem Blütenduft erfüllt ist. Was als wohlriechend empfunden wird, ist jedoch Geschmackssache. Für den einen duften zum Beispiel Hyazinthen einfach himmlisch, für den anderen riechen sie fast unerträglich. Nicht alle Düfte vertragen sich, sie können miteinander konkurrieren, deshalb ist hier weniger meist mehr. Besonders im Balkon- und Terrassengarten, wo Pflanzendüfte intensiver wirken als in einem weitläufigen Garten, können Duftorgien auf Dauer eher stören. Es erhöht den Genuss, wenn man sich an seinem Freiluftsitz zur blauen Stunde nur mit der persönlich bevorzugten Duftnote umgibt.

DUFTVIELFALT UND DUFTOASE

Viele Sommerblumen verströmen einen mehr oder weniger intensiven Duft. Deshalb sollte man Duftpflanzen eher sparsam einsetzen und nicht mit einem Duftpotpourri die Nase verwirren. Herb-würzige Düfte sind typisch für Pflanzen und Kräuter aus dem Mittelmeerraum. Eine blumig-leichte Note haben viele Rosen, Lilien, Levkojen, der Elfenspiegel und der Sternjasmin (*Trachelospermum jasminoides*). Dagegen duften der Ziertabak (*Nicotiana sanderae*) und die Engelstrompete *(Brugmansia)* intensiv und schwer. Ein Star unter den Duftpflanzen ist die Vanilleblume (*Heliotropium arborescens*). Sobald sie ihre violette Blütenpracht zur Schau stellt, kann man ihren Duft genießen. Vom Frühsommer bis in den Herbst verwöhnt sie die Nase mit ihrem unvergleichlichen Vanillearoma. Auch Duftwicken (*Lathyrus odoratus*) verströmen einen zarten Vanilleduft, zudem eignen sie sich als Kletterpflanzen wunderbar für das Balkon- oder Terrassengitter. Der Duftsteinrich (*Lobularia maritima*) mit seinem außergewöhnlich aromatischen Honigduft ist eine perfekte Balkonpflanze: Er wächst in dichten Polstern und entwickelt sich selbst in niedrigen Balkonkästen

Eine Duftoase in Blau mit Duftnesseln, Enzianbaum, Lavendel, Prunkwinde und Duftwicken.

großartig. Ein wahres Fest für die Nase sind Duft-Pelargonien. Sie bezaubern nicht nur durch ihren Blütenreichtum, sondern auch mit wunderbar zarten Wohlgerüchen nach Minze, Rose oder Zitrone.

Wer wenig Platz hat, pflanzt duftende Ranker und Kletterer wie das Geißblatt (*Lonicera*), das erst nach Sonnenuntergang seinen Duft entfaltet, Duftwicken, die sich an Spalieren in Nasenhöhe entlanghangeln, oder Blauregen (*Wisteria*), der die Terrasse umrahmt und im Mai und Juni sein Parfum verströmt.

Duftpflanzen für den Feierabend

Einige Blumen entfalten ihren vollen Duft erst gegen Abend. Zu ihnen zählt der Ziertabak, den es in zarten Pastell-, aber auch kräftigen Rottönen gibt. Auch viele Lilien duften abends besonders intensiv.

Der Sternjasmin verwöhnt mit einer leicht blumigen Duftnote. Die Blüten öffnen sich im Mai und Juni.

Die Blüten der Engelstrompete verströmen einen intensiven, geradezu betörenden Duft.

Der Ziertabak entwickelt seinen vollen Duft erst abends – ideal für alle, die erst dann Zeit haben, den Balkon oder die Terrasse zu genießen.

MEIN TIPP

Die Duftgeranie ist die ideale Pflanze für den Balkonkasten. Die zahlreichen Sorten bieten eine breite Palette an verschiedensten Duftrichtungen, vom süßen Rosenduft und Pfefferminz- oder Muskataroma über Zitronen- und Orangenduft bis hin zu Apfelduft.

MEDITERRANE DUFTPFLANZEN-KOMPOSITION

Für eine gelungene Zusammenstellung einer Duftoase empfiehlt es sich, sich zunächst auf eine bestimmte Duftnote festzulegen – zum Beispiel zitronig-frisch oder herb-würzig. Anschließend wählt man die Pflanzen nach Größe, Blattform und -farbe sowie Wuchsform aus. Große Pflanzen stehen eher im Hintergrund des Gefäßes und werden von kleineren Kräutern oder auch duftenden Blumen umrahmt. Als Solitär-Duftpflanzen eignen sich Zitrusbäume wie Zitronen, Orangen, Limetten oder auch die kleinen, pflegeleichten Calamondin-Orangen. Ihre Schalen und Blätter enthalten ätherische, zitronig-fruchtig duftende Öle. Beginnen diese Zitruspflanzen zu blühen, erfüllt ein intensiv süßlicher Duft die Umgebung. Auch Lavendel- oder Rosmarin-Stämmchen eignen sich als Blickfang. Wann es wie duftet, hat man als Duftgartenplaner selbst in der Hand. Für einen würzigen Duft in der Mittagszeit bietet sich die Pflanzung von Rosmarin, Minze oder Thymian an, die bei intensiver Sonneneinstrahlung statt Wasser ätherische Öle verdunsten. Für den abendlichen Relax-Balkon pflanzt man nachtduftendes Geißblatt, Clematis oder Ziertabak. Mit blühendem Lavendel kann man sich in den Balkon- und Terrassengarten den Duft der Provence holen. Dort durchziehen im Sommer riesige blühende Lavendelfelder die Landschaft. Die violetten Blütenrispen des Lavendels sind nicht nur ein Augenschmaus, sondern sein Duft wirkt zudem beruhigend auf die Seele und lockt Schmetterlinge an. Da er – wie übrigens die meisten mediterranen Kräuter – einen kargen Boden liebt, pflanzt man ihn am besten in mit Sand gemischte Kräuter- oder Anzuchterde. Wichtig sind ihm und seinen mediterranen Kräuterfreunden ein sonniges Plätzchen sowie eine mäßige bis geringe Wassergabe. Dann lässt sich die mediterrane Duftoase lange genießen – denn alle aufgeführten Pflanzen sind mehrjährig.

Die Blätter von Zitruspflanzen enthalten ätherische Öle, die zitronig-fruchtig duften.

MEIN TIPP

Pflanzen mit duftenden Blüten und aromatischen Blättern sollten immer in der Nähe des Lieblings-Sitzplatzes, der Terrassenliege oder der geöffneten Balkontür stehen. Denn erst wenn man einen Duft lange und intensiv einatmet, entfaltet er seine ganze Kraft.

VANILLEBLUME – *Heliotropium arborescens*

LAVENDEL – *Lavandula angustifolia*

Die 30–60 cm hohe Staude wächst strauchartig, wird aber auch als Hochstämmchen angeboten. Ihre violetten Blüten duften zart nach Vanille und bilden große, endständige Blütendolden. Die Vanilleblume braucht einen sonnigen Standort mit nährstoffreicher, durchlässiger, feuchter Erde.

Lavendel wächst als 30–50 cm hoher Halbstrauch. Seine herb-würzig duftenden, blauvioletten Blüten sitzen am Ende langer Blütenstiele. Die schmalen, aromatisch duftenden, graugrünen Blätter zieren die Pflanze das ganze Jahr über. Ältere Triebe verholzen am Grund. Lavendel braucht einen sonnigen Platz mit durchlässiger Erde.

BLAUREGEN – *Wisteria*

DUFTSTEINRICH – *Lobularia maritima*

Die großen, blauen Blüten des Blauregens hängen in üppigen Trauben zusammen und zeigen sich von Mai bis Juni. Ihr Duft erinnert ein wenig an Jasmin. Das hellgrüne Laub ist gefiedert und nimmt im Herbst eine schöne gelbe Farbe an. Dank seiner enormen Wuchskraft kann Blauregen hohe Hauswände begrünen, aber natürlich auch Pergolen und Lauben. Eine Kletterhilfe ist von Vorteil.

Als klein, aber fein erweist sich der anspruchslose, einjährige Duftsteinrich. Die breit wachsende, 10–15 cm hohe Polsterstaude trägt kleine, weiße, rosa oder purpurviolette Einzelblüten, die dicht nebeneinanderstehen und einen honigartigen Duft verströmen. Duftsteinrich braucht einen warmen, sonnigen bis halbschattigen Standort mit durchlässiger Erde.

EIN BALKON, AUF DEM ES BLÜHT UND SUMMT

Vor allem in Großstädten bietet sich für Pflanzenfreunde kaum mehr die Gelegenheit, natürliche Prozesse zu beobachten oder sich darin eingebunden zu fühlen. So juckt es besonders die Balkongärtner im Mai in den Fingern, denn jetzt, wenn die Frostgefahr vorüber ist, können Kästen und Kübel wieder neu mit Sommerblumen bestückt werden. Viele Blumenfreunde wissen aber nicht, dass sich der heimische Balkon nicht nur sehr ansehnlich zum Blühen, sondern auch zum Summen bringen lässt. Mit der entsprechenden Pflanzenauswahl können gezielt Bienen und Hummeln angelockt werden, denn auch eine entsprechende Balkonbepflanzung ist ein wichtiger Beitrag zum Natur- und Umweltschutz. Die Angst, gestochen zu werden, ist unbegründet, der ökologische Beitrag allerdings beträchtlich – denn Bienen und Hummeln sind bedroht. Chemische Pflanzenschutzmittel und landwirtschaftliche Monokulturen sowie Krankheiten setzen ihnen bekanntlich arg zu. Auch in privaten Gärten und auf Balkonen finden sie kaum noch Nahrung, denn moderne Pflanzenzüchtungen mit ihren üppigen Blütenbällen liefern ihnen oft weder Pollen noch Nektar. Auch im klassischen Balkonpflanzen-Sortiment aus Geranie, Petunie und Fleißigem Lieschen gibt es für sie kaum etwas zu holen.

Die weit geöffneten, einfachen Blütenschalen des Schmuckkörbchens bieten Bienen auf der Nahrungssuche einen guten »Landeplatz« und eine reiche Nektarmahlzeit.

Wichtig: ungefüllte Blüten wählen

Wer möchte, dass es auf seinem Balkon nicht nur üppig blüht, sondern auch summt, der wird bei vielen Sommerblumen mit einfachen, ungefüllten Blüten sowie bei Wildformen, vor allem heimischen Pflanzen, fündig. Denn im Unterschied zu den gefüllten Blüten vieler Züchtungen verwehren sie den Bienen nicht den Zugang zur Nahrungsquelle. Wenn man bedenkt, dass es ohne Bienen und Hummeln, die ja einen riesigen Beitrag zur Bestäubung von Gemüse- und Obstpflanzen leisten, auch für den Menschen langfristig nichts mehr zu essen

gäbe, ist auch eine bienenfreundliche Balkonbepflanzung ein wichtiger Beitrag zum Bienenschutz. Denn die Bedeutung von Städten als Lebensraum für Bienen nimmt inzwischen immer mehr zu.

AUSWAHL VON BIENENFREUNDLICHEN PFLANZEN

Es ist wichtig, verschiedenste heimische Blumen zu pflanzen, um den Bienen ein reichhaltiges Spektrum an Nahrungsquellen anzubieten. Während die Honigbiene eine breite Palette von Pflanzen besucht, sind zum Beispiel viele Wildbienenarten auf bestimmte Pflanzen spezialisiert und fliegen nur diese auf ihrer Suche nach Nektar und Pollen an. Indem sowohl früh-, mittel- als auch spätblühende Arten angepflanzt werden, sorgt man dafür, dass die Bienen das ganze Jahr über Nahrung finden. Die Balkonkästen sollten deshalb Blumen, Kräuter und Stauden beherbergen, die vom Frühjahr bis in den Herbst blühen.

Wildblumenmischungen

Wer sich gern an einer bunten Blütenpracht auf seinem Balkon erfreuen will, kann ab April in größeren Kübeln oder breiten Balkonkästen auch einjährige Wildblumenmischungen aussäen. Sie schmecken den Bienen, machen optisch einiges her und schonen meist auch den Geldbeutel. Am einfachsten geht dies mit Saatbändern, die man nur auf dem mit Erde gefüllten Balkonkasten oder Pflanzkübel auslegen muss, dünn mit Erde bedeckt und anschließend angießt. Hier stimmt auch schon der Abstand der einzelnen Pflanzen, sodass man später nicht mehr von Hand ausdünnen muss. Wenn es auch ein wenig Geduld braucht, so ist es doch schön, die Pflanzen wachsen zu sehen. Ab Juni blüht es im Kasten oder Kübel dann den ganzen Sommer lang. Samenvermehrte Blumen bilden gerne selbst Samen. Man

Der Bienenfreund ist nicht nur für Honig- und Wildbienen, sondern auch für viele Schmetterlingsarten interessant.

Um an den Nektar zu gelangen, müssen Bienen die Staubblätter der Glockenblume zur Seite drücken.

sollte deshalb im Lauf des Sommers Verblühtes und Samenansätze immer wieder ausschneiden, denn dann blühen die Sommerblumen zügig weiter bis in den Herbst.

Zu den für den Balkon geeigneten bienenfreundlichen Blumen zählen u.a. Glockenblume (*Camapunla*), Schmuckkörbchen (*Cosmea*) und Sonnenblume (*Helianthus*). Auch die Blüten beliebter Küchenkräuter wie Schnittlauch, Bohnenkraut, Borretsch, Majoran, Thymian und Basilikum sowie Zitronenmelisse oder Pfefferminze sind bei den Honigbienen heiß begehrt. Die Kräuter brauchen einen sonnigen Platz. Das ist nicht nur für das Wachstum der Kräuter gut, auch Bienen finden sich dann schneller ein.
Übrigens: Auch einige Kübelpflanzen wie zum Beispiel Zitrusgewächse oder ungefüllte Rosen bieten Bienen Nahrung.

Bienenfreundliche Blumen:
Fächerblume, Glockenblume, Goldkosmos, Goldlack, Husarenknöpfchen, Kapmalve, Kokardenblume, Kapuzinerkresse, Lobelien, Männertreu, Portulakröschen, Prachtkerze, Schmuckkörbchen, Sonnenauge, Sonnenblume, Sonnenhut, Steinkraut, niedrige Strohblumen, Verbene, Wandelröschen, Vanilleblume

Bienenfreundliche Kräuter:
Basilikum, Bohnenkraut, Borretsch, Lavendel, Majoran, Oregano, Pfefferminze, Salbei, Schnittlauch, Thymian, Ysop, Zitronenmelisse

Nur ungefüllte Blüten wie bei der Sonnenblume bieten Bienen eine Nahrungsquelle.

Auch viele Küchenkräuter sind eine wahre Delikatesse für Bienen und Hummeln.

Die einjährige Kapuzinerkresse ist für Bienen und Hummeln als Herbst-Bienenweide wichtig.

Der bunte, üppig mit Sommerblumen bepflanzte Balkonkasten erfreut nicht nur unser Auge. Vielmehr finden hier Bienen und Hummeln einen reich gedeckten Tisch.

AMERICAN STYLE AUF DER TERRASSE

In der Gartengestaltung haben natürliche Pflanzengesellschaften einen hohen Stellenwert und werden bei Gartenliebhabern sehr geschätzt. Solch eine Pflanzengesellschaft ist die nordamerikanische Hochgrasprärie.

Präriepflanzungen liegen im Trend, was an den gestalterischen Möglichkeiten der Präriepflanzen liegt. Sie zeigen einen naturnahen Charakter mit wechselnden Blühaspekten und ein ausdrucksstarkes Erscheinungsbild im Verlauf der Jahreszeiten. Selbst im heimischen Topfgarten können Präriepflanzen für Dynamik sorgen. Wenn man die grundlegenden Gestaltungsprinzipien beachtet,

lassen sich die Pflanzen so verteilen, dass sich ein harmonisches Gesamtbild ergibt. Dabei spielen der richtige Standort, der warm und sonnig sein sollte, sowie die optisch funktionierende Kombination der einzelnen Arten und Sorten eine wichtige Rolle. Das häufigste Kriterium ist die Farbe, nicht nur die der Blüten, sondern die der gesamten Pflanze. Denn auch dekorative Blätter und Stängel können den Farbaspekt unterstützen. Des Weiteren ist die Gestalt der Pflanzen ausschlaggebend, denn die Kombination unterschiedlicher Blüten-, Blatt- und Wuchsformen ergibt ein spannendes und kontrastreiches Bild. So reagieren lang gestielte Blüten und Fruchtstände auf

Eine ebenso einfache wie wirkungsvolle Idee: Buntlaubige Ziergräser harmonieren prima mit rustikalen Terrakotta-Töpfen und passen auch gut zu einem modernen Ambiente.

Die ährenartigen, gelblich-braunen Blütenstände des Lampenputzergrases wirken sehr elegant. In ein Gefäß gepflanzt sorgen sie auch auf dem Balkon für einen Blickfang.

jeden Windhauch und schwingen noch lange nach. Gräser wie das Lampenputzergras (*Pennisetum alopecuroides*) oder die Rutenhirse (*Panicum virgatum*) und das Chinaschilf (*Miscanthus sinensis*) bilden im Sommer zierliche Blütenstände, die sich in ihrem eigenen Rhythmus leicht und elegant wie eine Tänzerin hin und her wiegen. Die neuen amerikanischen Präriestauden passen sehr gut zu ihnen. Besonders robust sind der Gelbe Sonnenhut und der Rote Sonnenhut. Beide blühen unermüdlich von Juli bis Ende September. Ebenso fleißige Sommerblüher sind Mädchenauge, Sonnenbraut und Phlox.

HÖHEPUNKT IM SOMMER UND HERBST

Gräser und Präriestauden sind zwar relativ groß, trotzdem bieten sie in größeren Gefäßen die Möglichkeit, auch auf Balkon und Terrasse das Flair einer wogenden Präriepflanzung zu bringen. Die meisten der Präriestauden blühen im Hoch- und Spätsommer. Sie zeigen dann ein unglaubliches Spektrum an warmen Farben. Selbst im Herbst büßen solche Pflanzungen nichts von ihrer Schönheit ein: Zwar trocknen sie ein, die Gräser behalten jedoch ihre warme, braunorange Herbstfärbung über lange Zeit und bleiben auch im Winter standfest und attraktiv. Überzieht der erste Frost die Pflanzung mit Raureif oder einer zarten Schneedecke, entwickelt der Präriegarten auf der Terrasse einen neuen und ganz eigenen Zauber.

MEIN TIPP

Im Herbst sollten die Pflanzen nicht zurückgeschnitten werden. Die Halme der Gräser wirken als natürlicher Frostschutz für die Wurzeln. Die Fruchtstände der Stauden sind willkommenes Vogelfutter.

SCHÖNE PRÄRIEPFLANZEN

Ihre volle Blüte und Höhe erreichen die meisten Präriepflanzen erst im Hoch- und Spätsommer. Dann zeigen sie aber ein unglaubliches Spektrum an warmen Farben, durchsetzt mit kühlen, purpurnen bis violetten Tönen.

Man kann ein Arrangement aus Präriepflanzen also ganz nach den eigenen Farbvorlieben zusammenstellen: entweder in warmen Gelb, Rot- und Orangetönen oder in vielen Abstufungen von Pink bis Violett.

Die aufrechte Pflanze wird bis zu 2 m hoch, ist aber trotzdem standfest. Ihre gelben, radförmigen Blütenkörbchen mit dunklem Zentrum stehen einzeln und erscheinen von Juni bis September. Mädchenaugen bevorzugen einen vollsonnigen Standort und fühlen sich in trockenen bis frischen Substraten wohl.

HOHES MÄDCHENAUGE – *Coreopsis tripteris*

Aufrechte, je nach Sorte 40–100 cm hohe Staude. Die großen Blütenköpfe sitzen einzeln an wenig verzweigten Stängeln. Typisch für den Sonnenhut sind die langen Zungenblüten, die hängend, teils auch waagerecht stehend um den Blütenkopf angeordnet sind. Der Rote Sonnenhut braucht einen sonnigen Platz mit nährstoffreicher, durchlässiger Erde.

ROTER SONNENHUT – *Echinacea purpurea*

Die ursprünglich in Nordamerika beheimatete Flammenblume gehört mit ihrer Farbenvielfalt und dem würzigen Duft zu den beliebtesten Gartenstauden. Sie bildet 60–120 cm hohe Horste. Die flach ausgebreiteten Einzelblüten sind in dichten Blütenständen zusammengefasst. *Phlox* bevorzugt einen sonnigen bis halbschattigen Platz.

FLAMMENBLUME – *Phlox paniculata*-Hybriden

Die starkwüchsige Staude erreicht eine Höhe von 60–150 cm. Die kleinen Röhrenblüten sind in der Mitte zu einer Scheibe angeordnet. Um die Scheibe herum sitzt ein Kranz von Strahlenblüten, welche die gelbe bis braune Blüte wie eine kleine Sonne aussehen lassen. Die Sonnenbraut liebt einen vollsonnigen Platz.

SONNENBRAUT – *Helenium*

SPÄTSOMMERLICHES WINDSPIEL MIT GRÄSERN

Filigrane und im Wind tanzende Halme, grazile Blätter von grüner, gelber, weißer oder roter Farbe und fedrige Blütengrannen: Auch im Topf können Ziergräser gedeihen und für dekorative Akzente auf Balkon und Terrasse sorgen. Wenn dann im Spätsommer der Blütenflor nachlässt und sich in den Pflanzgefäßen Lücken zeigen, ist die Zeit der Ziergräser gekommen. In Gärtnereien und Gartencentern ist ein reiches Angebot an attraktiven Arten und Sorten zu finden, denn jetzt ist die Pflanzzeit für Topf-Gräser. Mit sonnenwarmen Farben, filigranen Halmen und federleichten Blüten erobern sie Balkon und Terrasse und bringen Dynamik in die Bepflanzung.

VIELFÄLTIG EINSETZBAR

Ziergräser sind charmante Begleiter, unkomplizierte Lückenfüller oder auch imposante Solisten. Im Spätsommer präsentieren sie sich mit Blüten und Halmen von ihrer schönsten Seite, manche sogar bis weit in den Herbst hinein, wie das Plattährengras (*Chasmanthium latifolium*). Viele Gräser verfärben sich im Spätsommer oder Herbst. Das Japanische Blutgras (*Imperata cylindrica* 'Red Baron') zum Beispiel zeigt sich dann mit feurigem Rot, das Pfeifengras (*Molinia*) verfärbt sich gelb. Andere bunt belaubte und wintergrüne Arten bekennen dagegen zu jeder Zeit Farbe. Zu ihnen gehört der nur 20 cm hohe Blauschwingel

Natürlich und modern zugleich: eine herbstliche Gräserterrasse mit Federborstengras, Chinaschilf, Seggen, Pampasgras, Fetthenne und Sternwurz.

Das starkwüchsige Pampasgras braucht viel Raum und sollte daher besser auf einer geräumigen Terrasse stehen.

Federborstengras eignet sich bestens als Sichtschutz.

(*Festuca cinerea*), der silber-graublaue strahlenartig abstehende Blätter trägt. Für die Gefäßkultur gut geeignet sind auch die Fuchsrote Segge (*Carex buchananii*), verschiedene Sorten der Japan-Segge (*Carex morrowii*) mit ihren dunkelgrünen, am Rand cremefarben gestreiften Blättern sowie die vielen Spielarten des Federborstengrases (*Pennisetum*).

GRÄSER PFLANZEN UND PFLEGEN

Neben dem geeigneten Standort und einem ausreichend großen Kübel ist das Substrat entscheidend. Das Pflanzgefäß sollte zwei- bis dreimal größer sein als der Wurzelballen beim Kauf. Grundsätzlich kann man für alle Gräser im Kübel sogenannte Grünpflanzenerde verwenden (keine Blumenerde!). Das Substrat sollte folgende Eigenschaften aufweisen:

• durchlässig, locker
• mäßig nährstoffreich
• nicht zu Staunässe neigend
• weder zu sauer noch zu alkalisch

Eine Schicht Blähton auf dem Topfboden (mit Abzugsloch) verhindert Staunässe. Fast alle mehrjährigen Gräser, die im Kübel kultiviert werden, sind für einen Winterschutz dankbar, da die Gefahr besteht, dass die Pflanzen im Winter durchfrieren und daraufhin eingehen. Gegen Ende Oktober wird deshalb der Kübel mit Noppenfolie, Jute oder Vlies und einer

Unterlage frostfest gemacht, die Erde erhält eine Abdeckung aus Laub. Die Halme bindet man zusammen, damit das Regenwasser außen abfließen kann und sich im Inneren keine Fäulnis bildet. Immergrüne Gräser werden an frostfreien Tagen gegossen, die anderen nur, wenn die Erde völlig trocken ist. Der Rückschnitt wird immer erst im Frühjahr vorgenommen, dann aber kräftig! Winterharte Gräser bleiben durch Verjüngung jahrelang schön.

MEIN TIPP

Die ältesten Halme eines Grases stehen in der Mitte des Horsts. Zur Verjüngung wird der Wurzelballen im Frühjahr nach dem Rückschnitt aus dem Topf geholt und wie eine Torte geviertelt. Dann entfernt man die Spitzen, setzt die Teilstücke wieder zusammen und füllt mit frischer Erde auf. Auf diese Weise werden die ältesten Halme entfernt und der Horst verjüngt.

FRISCHE OBSTERNTE AUS DEM TOPF

Gibt es etwas Schöneres, als sich auf Balkon oder Terrasse im Liegestuhl zu räkeln und von selbst angebautem Obst zu naschen? Das Obstsortiment für die Kultur im Kübel ist zwar etwas eingeschränkt, da nicht alle Gewächse langfristig in einem Gefäß gedeihen. Doch für ein kleines Obstgärtlein bleibt immer noch eine Reihe von Arten übrig. Beispiele sind ein Apfelbäumchen im Topf, saftige, rote Erdbeeren im Blumenkasten oder in einer Blumenampel oder blaue Weintrauben an einem Spalier – mit der richtigen Auswahl der Pflanzen und entsprechend optimalen Standortbedingungen lässt sich erfolgreich auch auf Balkon und Terrasse Obst anbauen. Apfel, Birne, Kirsche, Pfirsich und Aprikose gedeihen gut in Töpfen oder Kübeln, wenn man eine kleinwüchsige Sorte bzw. bei veredeltem Obst eine schwach wachsende Unterlage wählt. Die Wurzeln solcher klein bleibenden Obstbäume benötigen nur einen geringen Wurzelraum und sind mit dem Platz in einem Pflanzgefäß zufrieden. Natürlich setzen sie als Kübelpflanzen weniger Früchte an als Freilandpflanzen, die sich ungehindert entfalten können. Man kann also keine reiche Ernte erwarten, aber doch einige leckere und dekorative Früchte.

Birnen lassen sich auf dem Balkon am besten am Spalier ziehen.

PLATZSPARENDE SPALIERE

Der Raum auf Balkon und Terrasse ist zwar begrenzt, doch Apfel- oder Birnbäumchen lassen sich leicht als platzsparendes, lockeres Spalier aufbauen. Besonders attraktiv ist ein Fächerspalier, das sehr schön Balkone und Fenster umrahmen kann. Dafür eignen sich Birnen, Kirschen, Pfirsiche und Aprikosen.

PRIMA BALKONOBST: BEEREN

Balkone und Terrassen, die einen vollsonnigen Standort bieten, sind ideal für alle Arten von Beeren. Kulturheidelbeeren benötigen ein durchlässiges Substrat, das sauer und sandig sein sollte. Johannis- und Stachelbeeren werden häufig als Hochstämmchen angeboten und sind, weil platzsparend, im

Gefäß deshalb ideal für Balkon oder Terrasse. Sie sollten durch einen regelmäßigen Rückschnitt vital gehalten werden. Wie Äpfel und Birnen können auch Johannis- und Stachelbeeren sowie Brombeeren als Spalier gezogen werden, die Kübel sollten dafür jedoch ausreichend groß sein. Brombeeren und Himbeeren bilden ihre Früchte am zweijährigen Holz. Im Frühjahr sollten die Triebe des letzten Jahres stark zurückgeschnitten werden, damit die nächste Ernte üppig ausfällt.

MEIN TIPP

Besonders gut und einfach lässt sich die Heidelbeere im Kübel kultivieren, da sie problemlos ohne Schutz im Freien überwintern kann. Sie gedeiht am bestem in kalkarmer Moorbeeterde.

Sonnengereifte Erdbeeren

Am unkompliziertesten auf dem Balkon oder der Terrasse sind Erdbeeren zu kultivieren: Sie wachsen einfach und schnell. Obendrein schmecken sie köstlich, sodass ihre Pflege und Ernte auch für Kinder zum Erlebnis wird. Da Erdbeerpflanzen wenig Wurzelraum benötigen, gedeihen sie auch in den verschiedensten Gefäßen gut. In Töpfen, Ampeln und Balkonkästen bringen sie sogar oft eine reichere Ernte, denn hier können ihre Triebe über die Ränder herabhängen und nach Regenschauern schneller abtrocknen. Außerdem stört im Balkonkasten kein Laub von Bäumen den Sonnengenuss und abgefallene Früchte können sofort unbeschadet eingesammelt werden. Man kann Gefäße ausschließlich mit Erdbeeren bepflanzen, sie wirken aber auch kombiniert mit Sommerblumen und Kräutern sehr dekorativ.

Erdbeeren bilden zur Vermehrung Ausläufer. Wer genug Platz hat, schneidet diese ab und topft sie ein. Sie fruchten dann im nächsten Jahr. Abgestorbene Blätter oder Ausläufer sollte man regelmäßig entfernen, damit sie nicht faulen und sich Krankheiten ausbreiten können.

KÜBELOBST PFLANZEN UND PFLEGEN

Damit der eigene Obstanbau auch von Erfolg gekrönt ist, brauchen Obstpflanzen im Topf gute Standortbedingungen, d.h. bis zu sechs Stunden Sonnenlicht am Tag. Weitere Grundvoraussetzung ist ein entsprechend großes Pflanzgefäß. Da die Obstbäumchen den Winter im Freien verbringen müssen, sollte dieses frostfest sein. Als Substrat für Kübelobst empfiehlt sich hochwertige Kübelpflanzenerde. Gehölze, die mit Ballen verkauft werden, kann man das ganze Jahr über einpflanzen. Obstgehölze im Kübel müssen alle 2–3 Jahre umgetopft werden. Wenn die Pflanze das Substrat völlig durchwurzelt hat, lassen sich die nötigen Nährstoffe kaum noch über das mit Dünger versetzte Gießwasser verabreichen. Denn um Nährstoffe zu speichern, ist ausreichend Erde nötig.

Sobald der Ballen von Obstbäumchen oder -sträuchern völlig durchwurzelt ist, ist es deshalb Zeit, die Pflanze umzutopfen. Sie kommt mit frischem Substrat in einen neuen, größeren Kübel, sonst verkümmert sie. Beim Umtopfen werden die Wurzeln eingekürzt. Gedüngt werden kann mit Flüssigdünger, den man dem Gießwasser beimischt, oder mit festen mineralischen oder organischen Volldüngern. Ab Mitte August stellt man das Düngen ein. Auch Topfobst benötigt einen regelmä-

Erdbeeren benötigen wenig Wurzelraum und gedeihen deshalb auch gut in Ampeln.

ßigen Schnitt. Abgestorbene Zweige werden entfernt, überflüssige oder störende ausgelichtet. Wichtig: Frostfeste Obstarten brauchen die kalte Winterpause.

WINTERPFLEGE

Für eine mehrjährige Kultur ist eine fachgerechte Überwinterung entscheidend. Entweder man stellt die Obstbäumchen oder -sträucher an einen geschützten Platz im Freien, muss dann aber den Kübel frostsicher einpacken und möglichst auch die Kronen mit Sackleinen, Jute oder ähnlichem Material umhüllen, oder man bringt sie an einen hellen, sehr kühlen Ort im Haus. Letzteres empfiehlt sich vor allem für empfindliche Arten. Während des Winters wird nur sparsam gegossen, die Gehölze dürfen jedoch nicht austrocknen. Bereits im zeitigen Frühjahr kommen sie wieder ins Freie, anfangs jedoch an eine möglichst geschützte Stelle.

LECKERES OBST

Bis zu 2 m hoher Halbstrauch, bestachelt oder unbestachelt, mit gefiederten Blättern und weißen Blüten. Die glänzend schwarze Früchte sollten nur ausgreift geerntet werden, sonst schmecken sie nicht. Die Brombeere braucht einen sonnigen Standort, die Erde kann nährstoffarm und steinig sein. Am Gerüst ziehen und regelmäßig auslichten.

BROMBEERE – *Rubus Sect. Rubus*

JOHANNISBEERE – *Ribes rubrum, R. nigrum*

Der robuste, reich verzweigte Strauch wird 1–2 m hoch, die Pflanze wird aber auch als Hochstämmchen angeboten. Typisch sind die gelappten Blätter, selbstfruchtbare Blüten und in Trauben hängende, rote oder schwarze Beeren in vielen Züchtungen. Die Johannisbeere braucht einen sonnigen bis halbschattigen Standort mit normaler, leicht saurer Erde.

HIMBEERE – *Rubus idaeus*

ERDBEERE – *Fragaria × ananassa*

Der Ausläufer treibende, bis 2 m hoher Halbstrauch bildet Ruten mit zahlreichen feinen Dornen. Die roten, rosa oder gelben Früchte haben ein unvergleichliches Aroma. Durch Anbinden und einen regelmäßigen Schnitt hält man die wuchernden Pflanzen in Form. Die Himbeere braucht einen sonnigen bis halbschattigen, windgeschützten Standort mit humusreicher Erde.

Mehrjährige, buschige, etwa 40 cm hohe Staude mit dreiteiligen, gezähnten Blättern und roten Früchten. Die reich verzweigten Fruchtstände hängen nach dem Fruchtansatz zum Boden herab. Es gibt viele Sorten mit jeweils unterschiedlicher Erntezeit. Die Erdbeere braucht einen sonnigen Standort mit humusreicher Erde.

STACHELBEERE – *Ribes uva-crispa*

Kleiner, bis 1 m hoher Strauch mit selbstfruchtbaren Blüten und bewehrten Trieben. Die hängenden, anfangs behaarten und zuletzt kahlen Beeren können je nach Sorte grün, gelb bis purpurrot sein. Viele Sorten sind auch als Hochstämmchen im Handel. Die Stachelbeere braucht einen sonnigen bis halbschattigen Platz mit durchlässiger Erde.

GÄRTNERSPASS UND GAUMENSCHMAUS

Viele feine Gemüsearten und -sorten lassen sich problemlos auch in Gefäßen kultivieren, einige von ihnen werden sogar inzwischen eigens für den Anbau in »Kleinstgärten« gezüchtet. Es gibt kaum Gemüsepflanzen, die Schatten bevorzugen oder tolerieren. Deshalb gilt: Je sonniger der Standort ist, desto üppiger entwickeln sich die Pflanzen und umso ertragreicher ist die Ernte. Für den Gemüseanbau auf Balkon und Terrasse eignen sich am besten Südost- bis Südwestlagen. Bei reiner Südlage mit voller Sonneneinstrahlung wird es im Sommer sehr heiß, was besonders wärmeliebende Pflanzen wie Tomate, Paprika und Aubergine mit vielen Früchten danken. Für das gute Gedeihen spielen aber auch Wind und Luftzug eine wichtige Rolle, deshalb bevorzugen die meisten Gemüsepflanzen einen windgeschützten Platz. Wenn Platz und Licht ausreichen, sollte man deshalb die Pflanzen möglichst im Schutz einer Wand oder eines Geländers aufstellen.

Gemüse im Eigenanbau ist besonders wohlschmeckend, weil man es den ganzen Sommer über vollreif ernten kann und immer mit frischen und sehr vitaminreichen Köstlichkeiten versorgt ist. So lässt sich der Speiseplan ohne großen Aufwand mit Gemüse aus dem Topfgarten wunderbar bereichern.

MIT GEMÜSE GESTALTEN

Die Gestaltung des Gemüsegartens auf Balkon und Terrasse erfordert vom Hobbygärtner Kreativität und Experimentierfreudigkeit. Anders als bei Blumenbepflanzungen, für die man sich die Ideen oft beim Nachbarbalkon holen kann, müssen bei Gemüsepflanzungen ausgetretene Pfade verlassen werden. Dabei eignen sich die zahlreichen und schmackhaften Vitaminspender wunderbar für attraktive und harmonische Arrangements. Hierfür sorgen vor allem die Farb- und Formakzente von Früchten und

Zierkürbisse lassen sich auf dem Balkon einfach auch im Topf oder Kasten ziehen. Weil sie sehr nährstoffhungrig sind, brauchen sie regelmäßig eine Düngergabe.

Wenn man beim Mangold nur die äußeren Blätter erntet, treibt er wieder nach.

Ein bunter Naschbalkon mit verschiedenen Paprika- und Tomatensorten, Mangold und Kohl.

Blättern. Wer von Balkonblumen auf Gemüse umsteigt, hat anfangs jedoch vielleicht Mühe, die damit verbundene optische Unruhe zu akzeptieren. Denn bei der Kultur von Gemüse ergeben sich durch das regelmäßige Abernten immer wieder Lücken, die mit jungen Pflanzen neu gefüllt werden müssen.

Gemüse, Blumen und Kräuter gemischt
Wem der kulinarische Topfgarten nicht bunt genug ist, kombiniert das Gemüse mit bunten Sommerblumen und duftenden Kräutern. Letztere liefern dann gleich das passende Gewürz für die Gemüsemahlzeit. Manche Gemüse sind aber schon allein ein Hingucker im Kübel oder Kasten. Ein Beispiel ist buntstieliger Mangold. Er lässt sich aber auch wunderbar mit gelb- oder orangefarbenen Sommerblühern kombinieren.

Doch es gibt noch weitere gelungene Partnerschaften. Ein Paprikahochstämmchen bildet mit dem unermüdlich blühenden Husarenknopf ein attraktives Team. Und Pflanzen wie Kapuzinerkresse, Hornveilchen oder Gänseblümchen sind nicht nur dekorative Gemüsepartner, sondern dank ihrer essbaren Blüten auch eine prima kulinarische Ergänzung.

Gemüse wächst auch in die Höhe
Damit die Ernte möglichst groß und der Gemüsebalkon rasch zu einer üppigen Oase wird, sollte man den Raum voll ausnutzen und mit Rankspalieren in die Höhe gehen. Kletterer wie Bohnen und Gurken gedeihen hervorragend an einem geschützten, warmen Platz an der Hauswand. Aber auch mit einzelnen Kästen kann man die Pflanzen in verschiedenen Etagen anordnen. Hohe, aufrechte Arten wie Tomate und Paprika stellt man in den

Die Feuerbohne ist ideal für Balkon und Terrasse, weil sie sich auch im Kübel wohlfühlt. Außerdem verträgt sie kühle Temperaturen gut, obwohl sie aus Südamerika stammt.

hinteren Bereich, den Platz davor verschönern Gefäße mit niedrigen Gemüsen wie Mangold oder Töpfe mit Sommerblumen. Auf diese Weise wird der Platz optimal ausgenutzt, ohne dass sich die Pflanzen gegenseitig in ihrem Wuchs einschränken.

Natürlich halten sich die Gewächse nicht streng an diese Vorgaben, aber gerade dadurch wirkt die Pflanzung aufgelockert. Je dichter die Gefäße bepflanzt werden, desto schneller schließt sich der Bestand.

DIE RICHTIGE AUSWAHL

Nicht alle Gemüsearten eignen sich gleichermaßen für den Anbau auf Balkon und Terrasse. Gerade der Anfänger freut sich natürlich besonders, wenn sein erstes Gemüse nicht allzu lange auf sich warten lässt. Deshalb sollte man sich anfangs vor allem für Gemüsesorten entscheiden, die recht schnell wachsen.

- Tomaten werden am häufigsten auf dem Balkon angebaut. Da sie keinen Frost vertragen, sollten sie jedoch erst ab Mitte Mai angepflanzt werden. Tomaten lassen sich in Kübeln, Balkonkästen oder Blumenampeln kultivieren. Jede einzelne Pflanze sollte eine Rankhilfe bekommen, an der man sie später festbinden kann. Tomaten brauchen viel Sonne und reichlich Wasser, um ordentlich zu gedeihen.
- Gurken lassen sich ebenfalls sehr gut auf dem Balkon anbauen und brauchen wie Tomaten sehr viel Wärme und Sonne.
- Ab Mitte Mai dürfen Paprika auf ihren Platz auf dem heimischen Balkon einziehen. Für einen intensiven Geschmack brauchen auch sie aber unbedingt viel Sonne.
- Radieschen können zwischen April und September wiederholt ausgesät und jeweils schon nach rund vier Wochen geerntet werden.
- Pflücksalat lässt sich ebenfalls gut auf dem Balkon ziehen. Geeignete Sorten sind Feldsalat, Schnittsalat, Rucola und Lollo Rosso.

- Zuckererbsen sind leicht anzubauen und somit auch viel günstiger als im Handel zu erhalten. Man sät zwischen April und Juli und gruppiert am besten drei oder vier Pflanzen um eine Rankhilfe herum.
- Feuerbohnen sind für den Anbau auf dem Balkon besonders gut geeignet. Sie brauchen auf jeden Fall eine Rankhilfe, können aber auch gut am Balkongeländer emporwachsen. Ausgesät wird zwischen Mitte Mai und Ende Juni.

MEIN TIPP

Für kleinere Gefäße bietet der Handel auch spezielle Balkon-Tomaten an wie die beliebten kleinfrüchtigen, sehr aromatischen Cherry-Tomaten. Diese besonders kompakten Sorten sind zudem sehr pflegeleicht.

Wiederholte Aussaat erlaubt eine fortwährende Ernte: Radieschen gedeihen auch im Blumenkasten.

Alles für einen gesunden Imbiss: verschiedene Salate kombiniert mit Thymian, Basilikum und Majoran.

GEMÜSE PFLANZEN UND PFLEGEN

Weil Erde und Nährstoffe in Gefäßen knapper sind als im Freiland, braucht Gemüse beim Topfgärtnern eine optimale Starthilfe, damit sich die Pflanzen gut entwickeln und ausreichend Ernte bringen. Die Pflanzgefäße – aus Ton, Kunststoff oder Holz – sollten möglichst groß sein und mindestens 10 Liter fassen. Alternativ dazu kann man auch einen fertigen Bausatz für ein Minibeet aus Holz besorgen. Wichtig ist ein besonders gutes, nährstoffreiches Substrat. Es sollte Wasser speichern, aber auch durchlässig sein, locker bleiben und den Pflanzen dennoch Halt geben. Spezialerden enthalten Dauerdünger, welche die Nährstoffe nur lang-sam freigeben, sodass man weniger nachdüngen muss. Der optimale Zeitpunkt für das Gießen ist der Morgen. Man gießt grundsätzlich nur auf die Pflanzerde und nicht auf das Blattwerk, die Pflanzen nehmen sonst Schaden. Bei Fruchtgemüsen wie Tomaten, Gurken oder Paprika muss man wöchentlich die Seitentriebe auskneifen, um die Fruchtentwicklung zu fördern. Saatgemüse wie Radieschen sät man direkt in das Gefäß, aus dem geerntet wird. Pflanzgemüse wie Tomaten sät man dagegen erst in kleineren Gefäßen aus, vereinzelt dann die jungen Pflänzchen und setzt sie später in das endgültige Gefäß.

PAPRIKA – Capsicum annuum

Das kälteempfindliche Fruchtgemüse wächst buschig mit weißen Blüten. Man unterscheidet Gemüsepaprika (mild) und Gewürzpaprika (scharf). Paprika gedeiht an einem sonnigen, wind- und regengeschützten Standort mit nährstoffreicher Erde. Höher wachsende Sorten leitet man an einer Stütze auf, niedrige Sorten lässt man buschig wachsen.

Tomaten verzweigen sich sehr intensiv. Man unterscheidet hoch wachsende Stabtomaten und niedrige Buschtomaten. Beide Varianten sind in vielen Sorten erhältlich. Die grüne Pflanze verströmt einen typischen Geruch. Tomaten brauchen einen windgeschützten, warmen, vollsonnigen Standort mit nährstoffreicher Erde. Fruchtende Pflanze bindet man an, damit die Triebe unter dem Gewicht der Früchte nicht brechen.

TOMATE – *Lycopersicon esculentum* var. *esculentum*

ZUCCHINI – *Cucurbita pepo*

Buschige Pflanze mit großen, meist gelappten Blättern und länglichen Früchten. Es gibt zahlreiche Sorten. Zucchini bilden an einer Pflanze männliche und weibliche Blüten, nur die weiblichen entwickeln nach der Bestäubung Früchte. Zucchini gedeihen an einem windgeschützten, sonnigen Standort mit nährstoffreicher Erde.

Die rankenden Pflanzen bilden gelbe männliche und weibliche Blüten. Neue Sorten zeichnen sich durch überwiegend weibliche Blüten aus, die auch ohne Bestäubung Früchte ausbilden. Gurken brauchen einen windgeschützten, warmen, hellen, nicht vollsonnigen Platz mit nährstoffreicher Erde. Sie müssen meist gestützt und aufgeleitet werden.

GURKE – *Cucumis sativus*

EINEN MOBILEN WÜRZGARTEN ANLEGEN

Ein Kräuterkasten bepflanzt mit Oregano 'Herrenhausen', Lavendel 'Lavance Purple' und Zitronenthymian 'Silver Queen'.

Für den Balkongärtner können Kräuter eine attraktive Alternative zu reinen Blütenpflanzen sein, denn sie vereinen Nutzen, Duft und Charme. Ein kleines Kräutergärtchen findet auch in Kästen und Kübeln Platz und hat darüber hinaus auch einige Vorteile. Der Pflanzboden kann individuell auf die Bedürfnisse der einzelnen Arten abgestimmt werden. Der Standort lässt sich je nach Art und Sonnenvorliebe anpassen. Auch auf Witterungsereignisse kann man rasch reagieren. Starkregen oder Wind behagt den meisten Kräutern nicht, dann bringt man sie einfach an einen anderen Platz. Wird es zu heiß und ist die Sonneneinstrahlung zu intensiv, ist schnell ein schattiger Platz gefunden. Kübel, Pflanzschalen oder auch Balkon-

kästen speichern die Wärme des Tages und der Sonne und geben diese im Laufe der Nacht an die Kräuter ab. Dies wird durch das Mauerwerk zusätzlich gefördert, wenn man einen Standort nahe der Hauswand gewählt hat. Mehrjährige Kräuter können zudem in den Pflanzgefäßen problemlos überwintern.

GESTALTEN NACH PERSÖNLICHEM GESCHMACK

Der mobile Kräutergarten lässt sich immer wieder neu gruppieren. Arrangements können ausprobiert und auch wieder geändert werden. Mit neuen Farben und Kräutern sowie wechselnden Begleitpflanzen lassen sich immer wieder neue Akzente setzen.

Pflanzt man Kräuter getrennt in Kübel, kann man sie dekorativ in Stufen anordnen. Pflanzgefäße aus Ton und Stein, in unterschiedlichen Größen und Formen, sind dafür besonders geeignet. Grundsätzlich lassen sich alle ein- und mehrjährigen Kräuter in Schalen, Töpfen und Trögen kultivieren. In größeren Gefäßen gedeihen sogar ausdauernde Kräuter wie Melisse, Estragon, Salbei und Ysop. Bohnenkraut, Kerbel, Kresse und Dill kann man auch in Blumenkästen aussäen.

Südländisches Flair bringen mediterrane Kräuter wie Rosmarin und Lorbeerbäumchen in den Topfkräutergarten. Sie müssen allerdings im Winter ins Haus geholt werden.

Platz lässt sich sparen, wenn man verschiedene Kräuter zusammen in ein größeres Gefäß setzt. Viele gedeihen in einer Topfgemeinschaft sogar besser als in Einzelpflanzungen, vorausgesetzt, sie stellen ähnliche Ansprüche an Licht, Wasser und Nährstoffe. Folgende Kombinationen haben sich bewährt:

- Schnittlauch, Petersilie, Pimpinelle und Kresse vertragen sich prächtig und bevorzugen einen halbschattigen Platz. Für einen Balkonkasten von 80 cm Länge rechnet man 5–7 Kräuter.
- Rosmarin, Salbei, Thymian und Majoran sind typische Sonnenanbeter und fühlen sich deshalb in einem gemeinsamen Gefäß an einem vollsonnigen Standort wohl. Wenn man die Treibspitzen fortlaufend erntet, lässt sich ihr Wachstum im Zaum halten.

Erdbeertopf und Kräuterregal

Ideal bei wenig Platz ist ein sogenannter Erdbeertopf, der sich prima auch für Kräuter nutzen lässt: Man besetzt die Pflanztaschen einfach mit verschiedenen Kräutern. Auch ein Kräuterregal an der Wand schafft Platz für viele Kräutertöpfe. Und treppenförmige Pflanzgestelle haben den Vorteil, dass die Kräuter ungehindert in die Höhe wachsen können.

KRÄUTER PFLANZEN UND PFLEGEN

Der kostengünstigste Weg zum eigenen Kräutergarten ist die Aussaat, denn die meisten Kräuter sind als Samen erhältlich. Allerdings muss man die Kräuter rechtzeitig aussäen und braucht ein wenig Geduld. Etwas teurer sind Jungpflanzen, sie sollten kräftig und robust sein. In Töpfe, Kübel und Balkonkästen gepflanzte Kräuter brauchen genügend Platz, um sich gut entwickeln zu können. Die Gefäße sollten am Boden ausreichend große Löcher haben, da Kräuter empfindlich auf Staunässe reagieren. Man streut

Eine dekorative Kräuter-Etagere mit Currykraut, Thymian, Salbei, Rosmarin und Lavendel.

deshalb vor dem Einfüllen der Pflanzerde Scherben alter Tontöpfe ein, um den Abfluss frei zu halten. Küchen- und Gewürzkräuter sind recht genügsam. Die mediterranen Arten brauchen nur wenig Wasser und vertragen viel Sonne, andere Kräuter sollten täglich gewässert werden. Nach dem Einwachsen versorgt man die Kräuter alle vier Wochen mit organischem, flüssigem Dünger bzw. mit Kräuter- oder Kompostauszügen. Mehrjährige Kräuter muss man von Zeit zu Zeit umtopfen.

MEIN TIPP

Bei Kräutern, die mehr Nährstoffe brauchen als andere, gibt man gleich beim Pflanzen Langzeitdünger ins Pflanzloch. Dies ist zum Beispiel bei Melisse, Estragon, Oregano und Liebstöckel sinnvoll. Düngen Sie Kräuter nur mit organischen Düngern, schließlich landen die Kräuter im Essen oder im Tee. Geeignete organische Dünger sind zum Beispiel Hornspäne oder Hornmehl sowie Gesteinsmehl.

KRÄUTER FÜR DEN TOPF

Die winterharte, mehrjährige, aromatisch duftende, 30–90 cm hohe Pflanze trägt dunkelgrüne, manchmal rötlich überhauchte, stark gezähnte Blätter und lavendelfarbene Ährenblüten im Juli/August. Pfefferminze braucht einen sonnigen bis halbschattigen Standort mit nährstoffreicher, durchlässiger Erde.

PFEFFERMINZE *– Mentha × piperita*

PETERSILIE *– Petroselinum crispum*

Die zweijährige, 25–30 cm hohe Pflanze bildet reichlich würziges Laub. Es gibt glattblättrige und krause Sorten. Schnittpetersilie ist am geschützten Platz winterhart und kann ganzjährig geerntet werden. Sie braucht einen sonnigen bis halbschattigen Standort mit nährstoffreicher, durchlässiger Erde.

Das ausdauernde Zwiebelgewächs mit den typischen kugeligen Blüten bildet 15–30 cm hohe, röhrenförmige Blätter, die je nach Sorte verschieden dick sind. Geerntet wird fortlaufend. Man sollte die Pflanze aber nicht zu stark zurückschneiden. Schnittlauch braucht einen sonnigen bis halbschattigen Standort mit nährstoffreicher, kalkhaltiger Erde.

SCHNITTLAUCH – *Allium schoenoprasum*

Die einjährige, bis 90 cm hohe Pflanze mit fein verzweigten, fast fadenförmigen aromatischen Blättchen öffnet von Juni bis August reichlich ihre gelbgrünen Doldenblüten. Es gibt verschiedene Zuchtformen. Dill braucht einen sonnigen bis halbschattigen Standort mit nährstoffreicher Erde. Bei Trockenheit wässern.

DILL – *Anethum graveolens* var. *hortorum*

Die nicht winterharte, mehrjährige, 20–50 cm hohe Pflanze wird bei uns nur einjährig kultiviert. Sie zeichnet sich durch stark duftende Blätter, einen grünen Blütenstand mit schuppenförmigen Hochblättern und kleinen, weißen Blüten aus. Die Blättchen werden vor der Blüte geerntet. Majoran braucht einen sonnigen Standort mit nährstoffreicher, kalkhaltiger Erde.

MAJORAN – *Origanum majorana*

Thymian ist ein aromatisch riechender, mehrjähriger, winterharter, immergrüner, bis 40 cm hoher, stark verästelter Halbstrauch. Er braucht einen geschützten, warmen, sonnigen bis halbschattigen Standort mit sandigem, durchlässigem Boden. Von Frühjahr bis Herbst erntet man junge Blätter und Triebspitzen.

THYMIAN – *Thymus vulgaris*

Der immergrüne, winterharte, aromatisch duftende Halbstrauch hat weiche, silbrig-ovale Blätter und trägt im Frühsommer hellblaue bis lila Blüten. Salbei braucht einen sonnigen Standort mit kalkhaltiger, durchlässiger Erde. Geerntet wird fortlaufend. Damit die Pflanze buschig wächst, schneidet man sie nach der Blüte zurück.

SALBEI – *Salvia officinalis*

Diese sortenreiche, einjährige, hocharomatische, 20–60 cm hohe Pflanze mit zarten hellgrünen oder rötlichen Blättern und weißlich-rosa Blüten darf auf keinem Kräuterbalkon fehlen. Basilikum braucht einen warmen, sonnigen Standort mit nährstoffreicher, humushaltiger Erde. Regelmäßig gießen und für einen buschigen Wuchs laufend die Triebspitzen auskneifen.

BASILIKUM – *Ocimum basilicum*

VERTIKAL GÄRTNERN AUF BALKON UND TERRASSE

Wenn die Fläche des grünen Reichs auf dem Balkon sehr begrenzt ist, muss sich der Balkongärtner in die Höhe wagen. Wandgärten sind Trumpf, denn so kann man sich auch bei wenig Platz mit einer Fülle von Grün umgeben. Die Pflanzen wachsen hier nicht mehr in den üblichen Kübeln oder Töpfen, sondern gehen im wahrsten Sinn des Wortes die Wände hoch. »Vertical Gardening« liegt im Trend und lässt sich auf ganz unterschiedliche Weise an freien Wänden auf Balkon und Dachterrasse umsetzen. Mithilfe von ideenreichen Konstruktionen und unterschiedlichsten Gefäßen wird das Gärtnern in mehreren Etagen ermöglicht. Wer seine Pflanzen stapelt, klettern lässt oder aufhängt, gewinnt Platz.

Im Handel erhältliche spezielle Systeme verfügen meist über ein integriertes Bewässerungssystem.

Das Wasser verteilt sich in den übereinanderliegenden Pflanzkisten, wodurch alle Pflanzen gut versorgt werden.

PALETTENGÄRTNERN

Der vertikale Garten auf dem Balkon lässt sich aber auch mit einfachen Mitteln selber konstruieren, zum Beispiel mit schadstofffreien Europaletten. Das ist kostengünstig und sieht auch noch hübsch aus. Mit ein paar wenigen Tricks können die Paletten in kleine, hochkant stehende oder hängende Beete für Kräuter, Gemüse, aber auch Zierpflanzen verwandelt werden und begrünen gleichzeitig noch eine Wand. Eine Folie, die zwischen den Kanthölzern an den Rändern festgetackert wird, lässt einen Wurzelraum

Hat man die Palette mit Folie ausgekleidet und mit Erde gefüllt, setzt man die Pflanzen ein.

In kürzester Zeit entsteht ein Gärtchen auf kleinstem Raum – ideal für Pflücksalat, Kräuter oder Erdbeeren.

entstehen, den man mit Erde auffüllen und anschließend bepflanzen kann.

PFLANZGEFÄSSE MIT PFIFF

Als ungewöhnliche Pflanzgefäße eignen sich zum Beispiel auch ausrangierte Dachrinnen, die man an Holzleisten an der Wand aufhängt. Man kann sie auf eine beliebige Länge zurechtsägen und mit Kappen an den seitlichen Enden abdichten. In die Rinne bohrt man zwei, drei Abzugslöcher, damit das Wasser abfließen kann.

Am besten montiert man mehrere solcher Rinnen übereinander an die Wand. Zuunterst bringt man dann noch eine unbepflanzte Rinne an, die das heruntersickernde Wasser auffängt.

Stellagen und Regale nutzen

Wem das zu viel Bastelarbeit ist, der findet vielleicht im Keller oder auf dem Speicher geeignete Pflanzvorrichtungen wie alte Trittleitern, ausrangierte Regale und Stellagen oder was sonst als standfeste Abstellfläche für Pflanzgefäße dienen kann.

Es gibt es eine Vielzahl Stellagen, auf denen man Pflanztöpfe übereinander anbringen kann. Bei der Wahl des geeigneten Pflanzenregals sollte man aber nicht nur darauf achten, dass ihr Stil zu dem von Balkon und Terrasse passt, auch die Abstände der einzelnen Etagen muss zu den Topf- und Pflanzenhöhen passen.

Es ist erstaunlich, wie viele Töpfe man in solch regalähnlichen Konstruktionen unterbringen kann. Eines aber muss man bedenken: Weil die Pflanzen hier meist nur von einer Seite Licht bekommen, muss man Töpfe aufrecht wachsender Stauden und Halbgehölze regelmäßig drehen. Praktisch: Werden die Regale und Stellagen nur während der Vegetationsperiode verwendet, nutzt man sie im Winter für stimmungsvolle Dekorationen oder klappt sie platzsparend zusammen.

Pflanztaschen

Auch Pflanztaschen sind für das vertikale Gärtnern bestens geeignet. Innen an das Balkongeländer gehängt, hat man gleich noch einen passenden Sichtschutz. Ebenso lässt sich eine Sichtschutzwand

Aus Alt mach Neu: Ausgediente Leitern oder Stellagen und ein paar Bretter – fertig ist das Pflanzregal. Damit alle Pflanzen genug Licht bekommen, tauscht man regelmäßig die Plätze.

zum Nachbarbalkon auf diese Weise verschönern. An der Fassade montiert, kaschieren Pflanztaschen hässliche Stellen.

Gefäße aus Kunststoff

Speziell zugeschnittene Pflanzgefäße aus Kunststoff bieten Platz für drei Pflanztaschen von etwa 17 cm Durchmesser. Mehrere dieser Pflanzbehälter lassen sich übereinander versetzt stapeln, so bleibt immer genügend Raum für die unteren Pflanzen. Auf diese Weise erhält man eine Pflanzen-Etagere mit einem kleinen Kräutergarten oder einer Obstplantage, je nachdem, was gepflanzt wird.

Säcke, Tüten – alles, was hängt

Alte Säcke und Tüten eignen sich ebenfalls gut zum Bepflanzen. Sie werden zunächst mit Erde befüllt und anschließend zugebunden. Lässt man das Seil ein wenig länger, kann man das Pflanzgefäß daran aufhängen. An die Stellen, an denen die Pflanzen gesetzt werden sollen, schneidet man Löcher und setzt die Pflanzen ein.

Der Flaschengarten

Als Mini-Gewächshaus über Jungpflanzen gestülpt haben sich abgeschnittene 1,5-Liter-Plastikflaschen ja schon lange bewährt. Relativ neu ist jedoch die Idee, aus ihnen einen richtigen Flaschengarten zu

Wie es euch gefällt: Die hübschen Pflanztaschen machen den Balkon zur Augenweide!

Schwer zu entscheiden, wer hier den Schönheitswettbewerb gewinnt: Pflänzchen oder Pflanztasche!

basteln. Wer also Lust hat, Gebrauchtes wieder- und vor allem einmal ganz anders zu verwerten, macht alte Plastikflaschen zum Super-Minigarten.

Für die einfachste Version füllt man die Flasche mit Erde, legt sie waagerecht hin und schneidet mit einem Teppichmesser oder einer Schere ein bis zwei Löcher hinein, in die man kleine Pflänzchen setzt. Will man sie vertikal verwenden, schneidet man den Boden ab. Lässt man den Verschluss am Flaschenhals, bohrt man seitlich zwei Löcher in den Hals, damit Wasser abfließen kann. Alternativ schraubt man den Verschluss ab und verstopft den Hals zum Beispiel mit Jute.

Auch für den kleinsten Balkon geeignet: Vertikale Pflanztaschen schaffen Platz für leckeres Gemüse.

Anschließend füllt man die Flasche mit Erde und setzt oben eine kleine Pflanze hinein – zum Beispiel einen Salat oder eine Erdbeere. Weil die Flasche relativ lang ist, kann man noch auf halber Höhe ein oder zwei Löcher hineinschneiden und Salatpflänzchen hineinpflanzen.

Zum Schluss bohrt man zwei Löcher in den oberen Rand, fädelt eine dicke Schnur oder Bindedraht hindurch und hängt das Flaschengärtchen an einem Bambusrohr an der Wand oder ans Balkongeländer. Je nachdem, wie viele Flaschen man nebeneinanderhängt, kann man überraschend viele Pflänzchen kultivieren.

GEEIGNETE PFLANZEN

Es ist wichtig, für das vertikale Gärtnern geeignete Pflanzen zu wählen – Tiefwurzler zum Beispiel würden nur schwer unter solch meist beengten Verhältnissen gedeihen.

In erster Linie bieten sich vor allem Kletter- und Schlingpflanzen für das senkrechte Gärtnern an. Gemüsesorten wie Erbsen und viele Bohnenarten sind schon von Natur dafür geeignet. Sie benötigen lediglich ein Rankgitter, an dem sie sich nach oben ziehen. Umgekehrt kann man natürlich auch Pflanzen mit hängendem Wuchs wählen und sie zum Beispiel in einer umfunktionierten Dachrinne oder Gefäßen an der Wand kultivieren. So kann man ein hängendes Kräuterbeet schaffen.

Prinzipiell gut eignen sich Kräuter, Salate, Tomaten, Erdbeeren und ähnliches Obst oder Gemüse. Gurke, Kürbis und Zucchini wachsen schnell und ranken im Nu über gestapelte Pflanzgefäße. Einige Blumen dazwischen locken Bestäuber wie Bienen an. Aber auch reine Blumenbeete sind möglich.

Bei der Planung sollte man unbedingt darauf achten, den vertikalen Garten so zu installieren, dass man ihn bequem gießen kann. Für kleine Töpfe und Pflanztaschen eignet sich eine Gießkanne für Zimmerpflanzen mit langem Ausguss am besten. Weil den Pflanzen nur wenig Erde zur Verfügung steht, muss die Kanne umso häufiger zum Einsatz kommen. Außerdem muss das Substrat regelmäßig gedüngt werden. Bei größeren vertikalen Pflanzungen empfehlen sich automatische Gießsysteme – sie erleichtern die Arbeit enorm.

DAUERGÄSTE AUF BALKON UND TERRASSE

Dauerhaft bepflanzte Kübel, Töpfe oder Schalen auf Balkon und Terrasse sind keine Illusion, sondern blühende Wirklichkeit. Man braucht dazu nur die richtigen Zutaten wie winterharte Gehölze und Kletterpflanzen, frostharte Stauden und Zwiebelblumen. Die beste Wirkung für einen abwechslungsreichen Topfgarten erzielt man durch eine richtige Mischung dieser Pflanzen. Da es von vielen winterharten Bäumen und Sträuchern Miniformen gibt, lassen sich mit ihnen geräumige Balkonkästen und Kübel dauerhaft bepflanzen und rund ums Jahr mit Saisonblühern ergänzen. So können Balkon- oder Terrassengärtner beobachten, wie sich die Knospen ihrer Lieblingsgehölze im Frühjahr öffnen, und sich am ersten zarten Grün erfreuen. Im Sommer kann man Blüten in Hülle und Fülle, Blütenfarben und -formen sowie Blütenduft genießen. Im Herbst machen dann die Früchte, die bei vielen Arten in unterschiedlichen Formen und Farben heranreifen, dem bunten Herbstlaub in der Natur Konkurrenz.

DIE MISCHUNG MACHT DEN TOPFGARTEN LEBENDIG

Für ein dauerhaftes, frisches Grün auf dem Balkon benötigt man winterharte Pflanzen, also Pflanzen, die Frost vertragen. Ansprechende Wuchsformen sind kein Privileg der sommergrünen Laubgehölze. Immergrüne Arten sowie Nadelgehölze machen im Winter eine genauso gute Figur wie im Frühjahr, Sommer und Herbst. Von ranken, schlanken Säulen über hübsche Zwerge und Arten, die sich gern hängen lassen, steht alles zur Verfügung, sodass sich jedes geräumige Gefäß attraktiv und abwechslungsreich bepflanzen lässt. Am besten lässt man sich in einer gut sortierten Baumschule beraten und fragt dort nach klein bleibenden und winterfesten Laub- und Nadelgehölzen.

Stauden und Gräser
Mehrjährige Stauden sind das zweite Standbein im Ganzjahres-Topfgarten. Besonders geeignet sind

Vertreter, die ihre Blätter auch im Winter behalten wie Bergenie, Purpurglöckchen, Johanniskraut, Schleifenblume oder Immergrün sowie die vielen Varianten von Hauswurz, Fetthenne und Steinbrech. Für Schwung im Kübelgarten sorgen Gräser. Ihre eleganten Halme rascheln leise im Herbstwind, während der Raureif sie in winterliche Kunstwerke verwandelt. Kletterpflanzen vervollständigen den Garten im Topf. Waldrebe, Kletterrose oder Blauregen überzeugen mit einem Blütenreichtum, der von Jahr zu Jahr üppiger wird.

Für eine Dauerbepflanzung müssen die Pflanzgefäße ausreichend groß sein. Kleingehölze und Koniferen bilden einen viel größeren Wurzelballen als Blumen und Stauden. Sie benötigen daher mehr Platz als Saisonpflanzen. Hinzu kommt, dass Pflanzen mit hängendem oder rankendem Wuchs wie beispielsweise Efeu, der sich ebenfalls als Dauerbepflanzung gut eignet, nicht zu lang werden dürfen und regelmäßig geschnitten und gepflegt werden müssen. Auch das richtige Substrat ist wichtig. Im Gartenfachhandel ist Spezialerde mit hoher Strukturstabilität für dauerhafte Bepflanzungen in Kübeln, Trögen und Großgefäßen erhältlich. Der hohe Anteil an mineralischem Strukturmaterial sorgt für eine optimale Dränage und Belüftung des Wurzelbereichs, fördert das Wurzelwachstum und beugt einer Verdichtung der Erde vor. Der in der Mischung enthaltene frische Naturton speichert Wasser und Nährstoffe und garantiert eine gleichmäßige Versorgung der Pflanzen.

Eine gelungene Kombination aus Buchs, Kiefer, Strauchmargerite und Schneeflockenblume.

Tulpen, Maßliebchen, Traubenhyazinthen schmiegen sich zwischen Zwerg-Muschelzypresse und Efeu.

Immergrüner Buchs bringt auch in der kalten Jahreszeit frisches Grün auf Balkon und Terrasse. Zu mehreren und in Form geschnitten werden die Pflanzen zu einem beeindruckenden Blickfang.

PFLANZENPARADIES IM SCHATTEN

Ein Balkon im Schatten ist an heißen Sommertagen eine Wohltat. Vielen Balkonpflanzen sind diese lauschigen Plätzchen dagegen ein Graus, denn sie lieben die pralle Sonne. Deshalb sollte man die Pflanzen für den Schattenbalkon besonders sorgfältig auswählen, sonst sind kümmerliche Blüten und enttäuschte Gesichter vorprogrammiert. Zum Glück gibt es Balkonpflanzen, die sich in der prallen Sonne so gar nicht wohlfühlen und schattige Standorte mit prächtigen Blüten danken. So muss ein Nordbalkon

für den Balkongärtner keine triste und karge Problemzone sein. Auch er lässt sich in eine blühende Oase verwandeln. Denn es gibt erstaunlich viele Pflanzen, die gern auf Sonne verzichten, sich an kühleren und dunkleren Standorten wohlfühlen und dort keineswegs ein »Schattendasein« fristen. Vieles, was im Garten im Schatten oder Halbschatten gedeiht, lässt sich auch im Kübel ziehen. Hauptsache, das Gefäß hat ein entsprechendes Volumen – lieber zu groß als zu klein ist hier die Devise.

Ein paradiesischer Schattenplatz, an dem man an heißen Tagen gerne Zuflucht sucht: Verschiedene Fuchsien und ein Fingerhut als Solitärpflanze setzen hier leuchtende Farbakzente.

Eine elegante Blütenschönheit für den Schatten ist die Fuchsie 'Natasha Sinton'.

Funkien fühlen sich an einem schattigen Platz auf Balkon oder Terrasse am wohlsten.

BLÜTENVIELFALT IM SCHATTEN

Wer auf Nummer sicher gehen will, wählt für den Schattenbalkon Begonien (*Begonia*): Sie haben sich seit Langem bewährt, zeigen eine breite Palette an Farben und Formen und blühen bei guter Pflege unermüdlich. Genauso unermüdliche Blüher sind Fleißige Lieschen (*Impatiens walleriana*). Sie kommen längst nicht mehr so schlicht daher wie früher, denn inzwischen gibt es sie in vielen Farben von Weiß über Rosa, Rot, Orange und Violett bis hin zu Varianten mit zweifarbigen Blüten. Auch Sorten mit gefüllten Blüten sind auf dem Markt. Einen Hauch Exotik bringen Fuchsien (*Fuchsia*) auf den Schattenbalkon. Diese Klassiker unter den Schattenpflanzen sind in großer Auswahl von Weiß, Rosa und Rot bis hin zu

Lila und Blauviolett erhältlich. Sie setzen allein hübsche Akzente, sehen aber auch gut aus, wenn man sie in Blumenkästen oder Ampeln mit anderen Balkonpflanzen kombiniert. Als Hochstamm in einem Steinzeugtopf oder Holzfass mit niedrig wachsenden Eisbegonien zusammen gepflanzt, verbreiten sie romantisches Flair. Ständig neue Liebhaber finden Funkien (*Hosta*) mit ihren breiten, herzförmig zulaufenden Blättern, die in unzähligen Grüntönen changieren und die schönsten Maserungen tragen. Die Frühlingsgoldfunkie (*Hosta × fortunei*) zum Beispiel hellt mit ihren cremeweiß-grün gerandeten Blättern dunkle Balkonecken auf. Die Blaublattfunkie (*H. sieboldiana*) besticht mit langstieligen Blüten in Trompetenform und zartem Blau.

Hortensien mit ihren voluminösen blauen Blütenbällen sind die heimlichen Königinnen des Schattens und verzaubern selbst die dunkelsten Ecken eines Balkongartens oder einer Terrasse.

MEIN TIPP

Schattenbalkone und -terrassen müssen nicht dunkel und kühl wirken. Mit hellen Farben und leuchtenden Accessoires lassen sie sich wunderbar aufhellen. Schon eine weiß lackierte Sitzgarnitur aus Holz zum Beispiel oder helle Sitzkissen bringen Licht und Wärme an ein schattiges Plätzchen.

HORTENSIEN – ELEGANZ IN BLAU

Ideal für Hortensien ist ein Balkon im Schatten, auf dem sie jedoch Nachmittagssonne tanken können. Dank ihrer beeindruckenden Blüten und der gleichmäßigen Wuchsform sind Hortensien einfach die perfekte Ergänzung für schöne Pflanzgefäße und eine ganz besondere Zierde für jeden Balkon. Es gibt sie in Farbfacetten von reinem Weiß über Rosa bis hin zu Blau- und Lilatönen. Je nach Sorte können die Dolden einen Durchmesser von bis zu 20 cm erreichen. Bei richtiger Pflege hält die üppige Blütenpracht monatelang an. Die eigentlichen Blüten sind unscheinbar, sind jedoch umgeben von einem äußeren Kranz von Scheinblüten aus gefärbten Kelchblättern. Diese fallen selbst nach der Blütezeit von Juni bis September nicht ab. Sogar im Winter sind getrocknete Hortensienblüten noch ein Blickfang, sowohl im Freien als auch in einem Trockenstrauß.

Hortensien kommen besonders schön in einem Terrakotta-Gefäß oder Steintrog mit romantisch-verspieltem Muster zur Geltung.

Hortensienpflege

Um die blaue Blütenfarbe zu aktivieren, lässt man die Hortensie im Kübel am besten in saurer Rhododendron-Erde wachsen und versorgt sie ab dem zweiten Jahr im Frühjahr mit Aluminiumdünger.

Schön in Form kommt Efeu, wenn man seine Ranken um ein vorgeformtes Drahtgestell windet.

GRÜNE AKTEURE

Liegt der Balkon den ganzen Tag tief im Schatten, kommen vor allem Grünpflanzen infrage, denn sie sind meist robuster als Blütenpflanzen. Der Alleskönner unter ihnen ist der Efeu (*Hedera*). Er wächst schnell, ist anspruchslos, klettert und überdeckt als immergrüne Pflanze alle hässlichen Balkonecken mit seinen grünen oder panaschierten, meist dreizackigen Blättern. Ähnliches gilt für den Buchs (*Buxus*). Er

hält es zwar gut in der Sonne aus, kann aber auch gut auf sie verzichten. Wer will, gibt seinem unscheinbaren Nordbalkon mit ein paar streng in geometrische Form getrimmten Buchsbäumchen ein elegant-barockes Flair. Als lebendige Kulisse dahinter wirkt ein Kirschlorbeer (*Prunus laurocerasus*). Der immergrüne Strauch hat grüne, ledrige Blätter, zwischen denen im Frühling weiße Blütentrauben leuchten. Wer es mediterran möchte, liegt mit einer Zwerg-Scheinzypresse (*Chamaecyparis*) richtig. Es gibt sie auch in Kugelform mit 60–100 cm hohem Stämmchen. Als Einzelpflanze oder als Pärchen ist sie ein ebenso schöner Blickfang wie der Wacholder.

Pflanzen, die auf einem Schattenbalkon angepflanzt werden, benötigen in der Regel weniger Wasser als Pflanzen, die auf einem Sonnenbalkon gedeihen. Beim Gießen darf keine Staunässe entstehen, da auf einem Nordbalkon das Wasser langsamer verdunstet. In der Regel fördert es eine erneute Blüte, wenn regelmäßig Verwelktes abgezupft wird.

EIN GARTEN IN LUFTIGER HÖHE

Eine üppig bepflanzte Dachterrasse ist ein wunderbarer Freisitz für laue Sommerabende. Schon Kurt Tucholsky träumte 1927 in seinem Gedicht »Das Ideal« von einem Dachgarten, »wo die Eichen drauf stehn«, und das mitten in Berlin mit Blick auf die Ostsee! Am Ende kommt er jedoch zur tröstenden Erkenntnis: »Dass einer alles hat, ist selten«. Tatsächlich müssen Dachgärtner sich bei der Bepflanzung ein wenig bescheiden, denn bei der Auswahl der Pflanzen sind die besonderen Standortbedingungen zu berücksichtigen. Wind, Sonne, Regen, Frost und Schnee machen in dieser exponierten Lage nahezu allen Pflanzen zu schaffen. Auch sollte man bei der Planung daran denken, dass alles aufs Dach transportiert werden

Ein abwechslungsreich gestalteter Dachterrassengarten mit Zwerggehölzen, immergrünen Blattpflanzen, Gräsern und Sommerblumen.

muss: Pflanzgefäße, Pflanzen, Erde, Dünger etc. Die Pflanzkübel müssen ein gewisses Gewicht haben, damit sie auf der luftigen Dachterrasse auch einer steifen Brise standhalten können. Vor allem große Pflanzen geraten sonst schnell ins Kippen. Darüber hinaus müssen sie frostfest sein, denn kaum jemand wird in der Lage sein, große Kübelpflanzen im Winter in der Wohnung unterbringen zu können.

WELCHE PFLANZEN EIGNEN SICH?

Meist soll eine Dachterrasse mit möglichst vielen Pflanzen bestückt werden, damit man sich am sommerlichen Freisitz fast so fühlen kann wie draußen in der Natur. Aber nicht jede Pflanze ist für die »Höhenluft« geeignet, sondern nur Gewächse, die kräftige Sonneneinstrahlung ebenso aushalten wie klirrenden Frost, denn man will die Dachterrasse nicht jede Saison neu bepflanzen. Außerdem sind zumindest einige Pflanzen nötig, die eine gewisse Größe erreichen, damit sie als Strukturelement und

Sichtschutz eingesetzt werden können. Grundsätzlich ideal sind immergrüne Pflanzen, denn sie sorgen dafür, dass der Dachgarten selbst im Winter ansehnlich wirkt. Besonders geeignet ist die Zwergmispel als Bodendecker oder niedrig wachsender Strauch, auch Mahonien bieten sich an. Ebenso taugen Zwergkiefer, Knöterich oder Liguster aufgrund ihrer Robustheit für die Begrünung des Dachgartens. Mit Wildem Wein, Clematis oder Kletterhortensien lassen sich grüne Wände schaffen. Reizvolle Kontraste ergeben sich, wenn Gräser mit immergrünen Kletterpflanzen, niedrige mit hoch wachsenden Pflanzen und ausdauernde Stauden mit Sommerblühern kombiniert werden. Mediterrane Kübelpflanzen sind für Blütenfreude im Frühjahr und Sommer für die Dachterrasse dagegen weniger günstig, da sie aufwendig überwintert werden müssen. Besser kommen hier Zwiebelblüher und winterharte Stauden zum Einsatz.

Eine Dachterrasse lässt sich auch in einem bestimmten Gartenstil anlegen, zum Beispiel als

Auf dieser rustikalen Dachterrasse zieht mit zahlreichen blühenden Pflanzen der Frühling ein.

asiatische Ruhezone oder wogende Gräserlandschaft. Je nach Platzangebot kann man durch Gruppierung der Topf- und Kübelpflanzen Nischen schaffen. So entsteht aus jedem Blickwinkel ein anderes Bild.

DIE RICHTIGE PFLEGE FÜR DEN DACHGARTEN

Das mobile Grün auf dem Dachgarten macht allerdings langfristig nur dann Freude, wenn es in das richtige Substrat und in ein ausreichend großes Gefäß gepflanzt wird. Man darf keinesfalls einfache Blumenerde verwenden. Im Fachhandel gibt es spezielles Dachgarten-Intensivsubstrat, das Wasser und Nährstoffe optimal speichern kann. Regelmäßiges Gießen ist auf der Dachterrasse Pflicht. Dafür sind automatische Bewässerungssysteme ideal. Auch eine entsprechende Düngung ist wichtig.

Und nicht zuletzt muss nicht nur die Pflanze, sondern auch das Gefäß dem Winter standhalten. Gefäße aus Kunststoff und Faserverbundstoffen sind deutlich frostfester als beispielsweise solche aus Ton – vorausgesetzt, der Wasserabfluss ist gesichert.

Stellt man die Pflanzgefäße auf Füße, hat dies einen zusätzlichen praktischen Vorteil. Sollen Pflanzen einmal den Platz wechseln, können die Gefäße leicht angehoben oder auf Rollen gesetzt werden.

Mit der Clematis lässt sich eine blühende Sichtschutzwand schaffen.

TERRASSENHIGHLIGHT IN GRÜN UND WEISS

Ein erholsamer Rückzugsort ist diese Sitzgruppe. Die schlichten, eleganten weißen Gefäße bieten opulenten Pflanzen Platz.

Der Esstisch mit den bequemen Korbstühlen markiert den fließenden Übergang zwischen Haus und Terrasse.

Bei dieser eleganten Terrasse wurde die Idee eines hellen und großzügigen Gartenwohnzimmers mit der Verbindung von innen und außen umgesetzt. Das Ergebnis ist ein moderner, heller Terrassengarten mit wenig Pflegeaufwand. Vorgabe dabei war, bei der Bepflanzung nur die Farbe Grün einzusetzen, ab und zu unterbrochen von einem klaren Weiß. Eine durchdachte Lichtplanung mit unterschiedlich starken Aufbaustrahlern unter den Laubbäumen und Nadelgehölzen sowie drei Moonlight-Leuchten lassen alle Elemente dieser traumhaften Terrasse zu jeder Jahreszeit auch in den Abendstunden erstrahlen.

Die Sichtschutzwand besteht aus Lärchenholz, verbunden mit drei massiven Granitblöcken (Mauerscheiben).

Hauptelement des Terrassengartens ist jedoch der kroatische Kalkstein »Kanfanar«, ein Naturstein, der beim Terrassenbelag in verschiedenen Mustern, bei der Einfassung der Bäume und Pflanzen in kleinen Blöcken sowie als Quellstein eingesetzt wurde. Sein Vorteil: Er ist äußerst robust und resistent gegenüber Frost.

Kanfanar überzeugt mit zeitloser Eleganz und wird seit Jahrhunderten bei Baudenkmälern – zum Beispiel in Venedig – eingesetzt. Wunderbar im Einklang damit stehen auch die in puristischem Weiß und in einfachen Formen gehaltenen Pflanzgefäße.

Die Bepflanzung:

- 1 Japanischer roter Fächerahorn
- 1 Japanischer grüner Fächerahorn (am Quellstein)
- 2 Kugelahorne
- 1 Säulenzierkirsche
- verschiedene Nadelgehölze und in Form geschnittener Buchs
- 1 eine Kletterhortensie
- verschiedene Gräser

Harmonisch und doch abwechslungsreich präsentieren sich die verschiedenen Formschnittgehölze. Die Gräser setzen hübsche Kontraste.

In seiner Schlichtheit und Geradlinigkeit verbreitet dieser Teil der Terrasse fast schon japanisches Flair.

LEUCHTENDES SAISONFINALE IM HERBST

Der Sommer neigt sich dem Ende zu, trotzdem muss man auf Balkon und Terrasse nicht auf eine farbenprächtige Pflanzenkulisse verzichten. Die Herbstbepflanzung kann sogar zur Krönung des Gartenjahres werden, denn an den herrlichen Farben des Herbstes kann man sich wirklich berauschen. Doch zunächst läuft der Spätsommer noch einmal zur Hochsaison auf – auch im Topfgarten. Dafür sorgen nicht nur Blütenschönheiten, sondern auch zahlreiche Blattschmuckpflanzen, deren Farbpalette von zartem Gelb über Orange und Rot bis zu Purpur und Violettbraun reicht und viel Spielraum für Farbexperimente lässt. Die farbigen Blätter unterstützen die jetzt noch blühenden Pflanzen in ihrer Wirkung und bleiben auch dann noch attraktiv, wenn benachbarte Blütenpflanzen eine Pause einlegen oder abgeblüht sind.

MIT FARBEN AKZENTE SETZEN

Auch bei der Herbstbepflanzung von Balkon und Terrasse können Sie auf Ihre persönlichen Lieblingsfarben setzen, von sonnigem Gelb über kühles Blau bis hin zu edlem Weiß. Genauso lassen sich trendige Ton-in-Ton-Pflanzungen in nur einer Farbe umsetzen. Passend zum goldenen Herbst bieten sich warme Töne an. Den Charme des herbstlich verfärbten

Ein herbstlicher Lichterbalkon mit Herbstchrysanthemen, Japanischem Fächerahorn, Chinaschilf, Feuerdorn, Johanniskraut und Berberitze.

Laubs spiegelt eine Kombination aus Purpurglöckchen (*Heuchera*) in Orange und Gelb, gefüllten
Chrysanthemen in Goldbronze und gelb-grünen
Sorten der Japan-Goldsegge (*Carex hachijoensis*)
wider.

Wer es lieber kühl und edel mag, entscheidet sich
für eine Pflanzung aus Stiefmütterchen und Chrysanthemen zusammen mit weiß-panaschierten
Blattschmuckpflanzen. Sehr elegant wirken auch
silberfarbene Pflanzen, kombiniert mit Blütenstauden, buntblättrigen Pflanzen und Gräsern. Weiß und
Blautöne harmonieren am schönsten mit Silber.
Puristen, die einen minimalistischen Stil bevorzugen, kombinieren zum Beispiel silberblättrigen
Lavendel (*Lavandula lanata*) mit buschig-kugeligem
Heiligenkraut (*Santolina chamaecyparissus*) und
kommen ganz ohne Farbtupfer aus. Die Königinnen
der Herbststauden sind die Chrysanthemen. Da es
sie in einer breiten Farbpalette gibt, lassen sich mit
ihnen vielfältige attraktive Arrangements verwirklichen. Weil die Blütenform bei allen gleich ist, dürfen
die Farben mutig gemixt werden, ohne dass die
Kombination zu unruhig wirkt: So entstehen zum
Beispiel mit ungefüllten Chrysanthemen in Orange,
Rosa, Gelb und Flieder, zusammen in einem Topf
gepflanzt, ungewöhnliche Farbharmonien.

Für Blumenkästen und Schalen empfehlen sich
niedrige, gedrungen wachsende Arten. Astern gibt

es in vielen neuen Rosa-, Lila- und Blautönen. Die
typischen Herbstblumen eignen sich besonders gut
als Mittelpunkt von romantisch verspielten
Arrangements.

Blattschmuckpflanzen als Bereicherung
Auch Blattschmuckpflanzen können eine Herbst-
pflanzung beleben. Zweifarbig gemusterte und
gestreifte Blätter werden in ihrer Wirkung häufig
unterschätzt. Sie passen nicht nur in klassische
Pflanzkombinationen, sondern man kann mit ihnen
auch mutig experimentieren, zum Beispiel mit einem
Mix aus gelbgrün gemusterten Pflanzen. Hierfür
eignen sich Funkien (*Hosta*) mit großen gelbrandigen
Blättern. Dazu passt gelbblättriger Salbei (*Salvia
officinalis* 'Icterina') und grüngelb gestreiftes
Chinaschilf (*Miscanthus sinensis* 'Strictus').

SAISONAUSKLANG MIT HEIDEPFLANZEN
Wenn der Sommer langsam zu Ende geht, beginnt
auch die Blütezeit der Heidepflanzen. Obwohl sie als
klassische Herbstpflanzen bekannt sind, öffnen
einige Heidekräuter (*Calluna*) ihre weißen, roten,
violetten oder rosafarbenen Blüten jedoch bereits im
Juli, andere Formen zeigen bis zum Dezember
Farbe. Einige Sorten sind auch wegen ihres unge-
wöhnlichen silbrig-grauen oder gelben Laubs eine
Zierde. Besonders ausdauernd ist die Winterheide
(*Erica*). Sie blüht ab August bis Oktober in warmen
Farben. Eine weitere Herbstschönheit ist die Strauchveronika (*Hebe*). Sie öffnet zur gleichen Zeit ihre
rosafarbenen, violetten oder blauen Blüten, die sie
mit weißgrün oder gelbgrün gemusterten Blättern
umgibt. In die Lücken des Balkonkastens gepflanzt,
sorgt sie rasch für üppige Fülle.

Kleine Gehölze
Jetzt schlägt auch noch einmal die Stunde der
kleinen Gehölze. Sie verschönern schnell und
dauerhaft den Balkon. Der Zwerg-Lebensbaum
(*Thuja occidentalis* 'Danica') zum Beispiel wird
nur bis zu 60 cm hoch und wächst zu einer dicht
geschlossenen Kugel heran. Seine weichen, hellgrünen Nadeln sind absolut winterhart. Die Zwerg-
Bergkiefer (*Pinus mugo* 'Carstens Wintergold')
punktet dagegen mit einem prächtigen Farben-
spiel und beginnt im Spätsommer oder Herbst
mit ihrer Verwandlung: Ihre grünen Nadeln verfärben sich nun hellgelb und nehmen im Winter
einen goldgelben bis kupferfarbenen Ton an.

HERBSTBLÜHER PFLEGEN

Gefäße für die Herbstbepflanzung sollten möglichst breit und tief sein, je größer, desto besser sind die Wurzeln der Pflanzen gegen Frost geschützt. Dünger ist über den Winter nicht erforderlich, weil die Pflanzen nur sehr wenige Nährstoffe verbrauchen und der Vorrat in der frischen Blumenerde ausreicht. Herbstblüher sind in der Regel pflegeleicht, sie brauchen aber bis zu den Frösten und darüber hinaus an milden Tagen immer wieder Wasser. Sind die Wurzelballen gefroren, empfiehlt es sich zu warten, bis sie aufgetaut sind. Darüber hinaus entfernt man regelmäßig welke Blüten und trockene Blätter, damit der Balkon auch im Herbst einen gepflegten Eindruck macht.

MEIN TIPP

Pflanzen, die sich so kräftig entwickelt haben, dass man mit dem Umpflanzen nicht mehr bis zum Frühjahr warten kann, sollte man jetzt umtopfen, damit sie bis zur Winterruhe noch neue Wurzeln bilden können.

So schön kann der Herbst sein: Federborstengras, Segge, Blauschwingel und Japanisches Rotgras.

Die Besenheide 'Elegantissima' blüht bis weit in den Herbst und duftet sogar zart.

DEKORATIONEN FÜR DEN HERBSTZAUBER

Besonders stimmungsvoll wirken herbstlich geschmückte Balkone und Terrassen mit der passenden Dekoration. Dabei kann man der Kreativität freien Lauf lassen und den Freisitz außergewöhnlich gestalten. Für diesen Zweck eignen sich viele Fundstücke aus der Natur sowie die reiche Ernte aus dem Garten.

Für kräftige Farbkleckse sorgen Kürbisse, die sich auf dem Balkon wochenlang halten. Sie reifen in der herbstlichen Sonne gut nach. Damit sie von unten nicht faulen oder Flecken bilden, sollte man sie gelegentlich mit einem Lappen abwischen oder in einen Korb mit Stroh legen. Ebenso dekorativ leuchten reife Äpfel. Eine Schale oder ein Korb, den man bunt angestrichen hat, bringen die Früchte gut zur Geltung. Aber auch auf herbstlichen Spaziergängen findet man zu dieser Zeit jede Menge Material, das sich für die Balkondekoration eignet. Herbstlaub, Kastanien, Eicheln, Bucheckern und Tannenzapfen liegen nun auf den Wegen. Wunderbar eignen sich auch die orangefarbenen Lampionblumen. Sie halten die Farbe sehr lange und werden auf Bauernmärkten angeboten.

Die Erde zwischen den Pflanzen kann man zum Beispiel mit reifem Hopfen oder grünen Fichten- und Erlenzapfen abdecken.

LETZTE KONTROLLE VOR DER WINTERPAUSE

Ehe die verschiedenen Kübelpflanzen ins Winterquartier umziehen, sollten sie noch einmal genau auf Schädlinge und Krankheiten kontrolliert werden. Dabei sucht man die Blätter (auch auf der Unterseite!) und die Erde nach Käfern und Schnecken ab, denn Schnecken zum Beispiel fressen im Winterquartier munter weiter. Finden sich im Topf Ameisen, wird der Wurzelballen einige Stunden lang in ein Wasserbad getaucht. Sind Blätter von Pilzen befallen, werden sie entfernt.

Leere Töpfe und Schalen befreit man von Erd- und Blattresten und reinigt sie gründlich, so lassen sie sich im Frühling sofort wieder bepflanzen. Gegen Kalkbeläge hilft es, die Gefäße mit Essigwasser oder einer Essig-Kochsalz-Lösung kräftig abzuschrubben. Anschließend lässt man die Töpfe in der Sonne gut trocknen, damit sich beim Einlagern über Winter keine weißen Pilzbeläge auf ihnen bilden.

Ein Muss bei jeder herbstlichen Dekoration – auch auf Balkon und Terrasse – sind Kürbisse.

MEIN TIPP

Ein besonderes Highlight sind Pflanzgefäße mit Leuchtobjekten, in die Heide gepflanzt wurde. Sie schaffen ein zauberhaftes Ambiente während der Abendstunden und setzen dabei auch farbliche Akzente.

Ein herbstlicher Hingucker ist die Strauchveronika: Sie erfreut mit immergrünem Laub und lila Blüten.

SCHÖNE HERBSTPFLANZEN

Jetzt ist der richtige Zeitpunkt, um mit blühenden und buntlaubigen Herbstpflanzen noch einmal Farbe auf Balkon und Terrasse zu zaubern. Mit Pflanzen wie Heidekraut, Chrysanthemen, Gräsern und Blattschmuckpflanzen ist es fast schon ein Kinderspiel, stimmungsvolle Arrangements als herbstliche Blickpunkte auf Balkon und Terrasse zu kombinieren.

Der Fächerahorn hat frischgrüne, fünf- bis sieben-lappige Blätter, die je nach Sorte mehr oder weniger tief geschlitzt sind und sich im Herbst rotgolden bis weinrot verfärben. Für die Gefäßkultur eignen sich vor allem die bis zu 2 m hohen Schlitzahorne. Sie brauchen einen halbschattigen Standort.

FÄCHERAHORN – *Acer palmatum*

FEUERDORN – *Pyracantha coccinea*

Eine Augenweide sind die Feuerdorn-Hybriden 'Golden Charmer' mit leuchtend orangfarbenen Früchten sowie 'Soleil d'Or' mit goldgelben Früchten. Sie eignen sich sehr gut für die Gefäßkultur, da sie aufrecht-buschig wachsen und nur bis zu 2 m hoch werden. Die Früchte erscheinen von August bis Dezember. Der Standort sollte sonnig bis halbschattig sein.

Der anspruchslose Strauch punktet mit auffälligem Beerenschmuck im Herbst. Für die Gefäßkultur eignen sich besonders *C. adpressus* (sommergrün, 25 cm hoch, rosa, leicht duftende Blüten, rote Beeren) und *C. dammeri* (immergrün, bis 1 m hoch, weiße Blüten, rote Beeren). Der Standort sollte hell bis halbschattig sein.

ZWERGMISPEL – *Cotoneaster*

STRAUCHVERONIKA – *Hebe-Andersonii-Hybriden*

Die kleinen, dicht buschigen, reich verzweigten Sträucher sind bei uns leider nur bedingt winterhart. Die Farbe ihrer Blütentrauben variiert je nach Sorte zwischen Weiß, Karminrot und Blauviolett. Die immergrünen Blätter fühlen sich ledrig an, die Form 'Variegata' präsentiert sich mit panaschierten Blättern. Der Standort sollte hell und geschützt sein.

WUNDERSCHÖNE WINTERZEIT

Wenn der Herbst sich mit seinen leuchtenden Farben verabschiedet und die ersten Herbststürme über das Land ziehen, kehrt auch auf Balkon und Terrasse Winterruhe ein. Das bedeutet jedoch nicht, dass es draußen vor dem Wohnzimmer grau und trist zugehen muss. Denn auch jetzt hat die Natur noch einiges zu bieten, womit sich der Freisitz in eine kleine Winterlandschaft verwandeln lässt. Wer glaubt, dass der Winter keine Saison für Balkon und Terrasse ist, kennt die Vielfalt der Pflanzen nicht, die hier auch in der kalten Jahreszeit für ein Naturerlebnis sorgen können. Legt sich Raureif oder feiner Schnee auf die Pflanzen, entsteht auch im Topfgarten eine stimmungsvolle weiße Winterlandschaft.

KONIFEREN UND IMMERGRÜNE

Pflanzen für winterliche Arrangements müssen vor allem frosthart und gegen kalten Wind resistent sein. Auch feuchte Erde verträgt die Winterpflanzung nicht. Für den grünen Rahmen können zum Beispiel Buchsbaum, Koniferen, Stechpalme und Efeu sorgen. Durch ihre robuste Natur machen ihnen Minusgrade nichts aus. Buchsbaum ist immergrün, absolut winterhart und wächst sehr langsam. Für den Balkon eigenen sich klein bleibende Sorten, die im Sommer mediterranes Flair in die grüne Oase zaubern.

Von den Nadelgehölzen eignen sich für Balkonkästen und Pflanzgefäße vor allem Zwergkoniferen. Sie bevorzugen einen sonnigen Standort. Nicht alle Sorten haben grüne Nadeln. Zwergblaufichten zeichnen sich zum Beispiel durch blaue Nadeln aus. Fadenscheinzypressen haben eine goldgelbe Farbe. Zu den Koniferen zählen auch klein bleibende Lebensbäume, Zypressen und Fichten.

Immergrünes Blattwerk

Efeu ist eine immergrüne Kletterpflanze, er wird mit einer Kletterhilfe gestützt oder schlängelt sich dekorativ durch den Balkonkasten. Auch die Stechpalme (*Ilex*) passt mit ihrem stark gezackten, dunkelgrünen Laub und leuchtend roten Beeren gut in den weihnachtlich geschmückten Topfgarten. Bei einigen Arten sticht das Blattwerk durch einen dekorativen weißen Rand gut sichtbar hervor. Die Stechpalme benötigt einen hellen Standort und feuchtes Substrat. Weil dieser dekorative Strauch sehr langsam wächst, eignet er sich gut für die Kultur im Kübel.

Diese Winterbepflanzung im Topf mit Skimmie, Scheinbeere und Heidekraut kann sich sehen lassen.

Formen- und Farbakzente

Viele Pflanzen stellen gerade in der dunklen Jahreszeit ihren hohen Zierwert unter Beweis. Dazu gehören zahlreiche Zwergnadelgehölze wie beispielsweise die verschiedenen Formen von Bergföhre, Fichte, Scheinzypresse und Wacholder. Aber auch die Strauchveronika bringt Abwechslung. All diese Pflanzen haben folgende Dinge gemeinsam: Ihre Nadeln oder Blätter sind immergrün und sie beleben Pflanzenkombinationen durch ihre ausgeprägten Laub- und Nadelformen sowie ihren unterschiedlichen Wuchs.

Mit bunten Beeren oder Blütenknospen schmücken Scheinbeere und Skimmie den Balkon. Die Scheinbeere trägt im Winter rote Beeren und bronzefarbe-nes Laub. Die Skimmie zeigt schon im Herbst zierende, rote Blütenknospen, die sich aber erst im April öffnen.

Gelbbuntes oder weißbuntes Laub hellt in der lichtarmen Jahreszeit den Balkon freundlich auf. Eine Zwergspindel darf deshalb im Balkonkasten nicht fehlen. Der gleiche Effekt ist mit verschiedenen Ziergräsern zu erreichen, deren Halme gelb oder blau sind. Ein Beispiel ist der Blauschwingel mit seinen feinen, bläulichen Halmen.

Wer aber glaubt, der Winter treibe keine richtigen Blüten, der irrt sich. Die Schneeheide zum Beispiel blüht schon im Januar. Es gibt sie in vielen verschiedenen Blütenfarben von Weiß über alle möglichen Pink- und Rosatöne bis hin zu Dunkelweinrot.

Eine rustikale Winterterrasse mit in Form geschnittenem Buchs, Christrosen, Scheinbeeren, Kiefer, Efeu und Hagebutten – dekoriert mit Kerzen und Laternen.

CHRISTROSE – *Helleborus niger*

SCHNEEHEIDE – *Erica carnea*

Ihre großen, weißen Blüten verzaubern den winterlichen Topfgarten. Sie stehen zu mehreren an den blattlosen Stielen der etwa 30 cm hohen Pflanze. Die Blätter sind groß und geteilt. In Kultur sind viele verschiedene Sorten und Hybriden. Die Christrose braucht einen halbschattigen Standort und durchlässiges, nährstoffreiches Substrat. Feucht halten.

Von der Schneeheide sind verschiedene Sorten im Handel. Sie bieten rosa, weiße oder rote Blüten, die in kleinen Trauben zusammenstehen. Die verzweigten Stängel tragen nadelförmige Blättchen. Die etwa 30 cm hohe Pflanze braucht einen sonnigen bis halbschattigen Standort und als Substrat Rhododendronerde mit Sand.

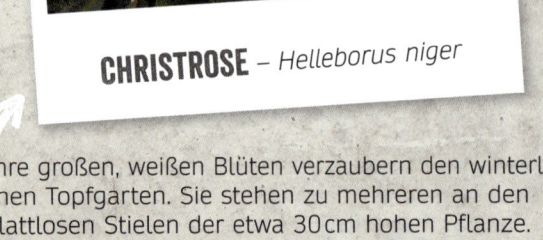

HEIDEKRAUT – *Calluna vulgaris*

SCHEINBEERE – *Gaultheria procumbens*

Dieser immergrüne Zwergstrauch wird etwa 50 cm hoch und besitzt glöckchenförmige Blüten. Die Blüten der Kultursorten sind meist gefüllt. Heidekraut gedeiht, wenn man es im Frühjahr kräftig zurückschneidet. Die Pflanze braucht einen sonnigen bis halbschattigen Standort, als Substrat empfiehlt sich Rhododendronerde mit Sand.

Die immergrüne Scheinbeere, auch Winterbeere genannt, ist ein bis 15 cm hoher Strauch. Ihre roten, perlenartigen Früchte sorgen ab November für herrliche Farbtupfer im Schnee. Weil sie nur etwa 15 cm hoch wächst, wird sie gern als Unterpflanzung genutzt. Sie braucht einen halbschattigen Standort.

TERRAKOTTA-TÖPFE FROSTFEST MACHEN

Dünnwandige Tontöpfe können im Winter leicht Risse bekommen, wenn sie ständig Wind und Wetter ausgesetzt sind. Der Grund dafür ist Wasser in den Tonporen, das sich beim Gefrieren ausdehnt und die Gefäßwände sprengt. Um dies zu verhindern, stellt man die Töpfe an einen regen- bzw. schneegeschützten Platz. Die Töpfe lassen sich aber auch mit biologisch abbaubaren Imprägniermitteln einstreichen. Der Anstrich verschließt die Poren, sodass sie kaum mehr Wasser aufnehmen können. Gleichzeitig werden dadurch auch Salz- und Kalkausblühungen sowie Moos- und Algenbewuchs verhindert.

Oft reicht es, Terrakotta-Gefäße nahe an die Hauswand zu rücken, wo sie vor der Witterung geschützt sind.

MEIN TIPP

Wer Geranien für Balkon und Terrasse selbst heranziehen will, kann sie im Januar aussäen. Um die Keimfähigkeit zu erhöhen, sollten die Samen für einige Stunden in lauwarmem Wasser quellen. Dann sät man sie in einer Schale aus und stellt die Saatschale bei einer Temperatur von 22 °C auf.

Weihnachtlicher Winterzauber auf dem schneebedeckten Balkon.

WINTERSCHUTZ FÜR IMMERGRÜNE LAUBGEHÖLZE

Winterschutz bedeutet, dass man vor allem dafür sorgen muss, dass die Pflanzen weniger Wasser verdunsten. Dazu muss man sie vor kalten Winden und den auch im Winter manchmal recht warmen Sonnenstrahlen schützen. Dies gelingt mit zwei Lattengerüsten, zwischen die man Schilfmatten oder Schattierungsgewebe aus Kunststoff spannt. Diese Konstruktionen stellt man dann entweder nur auf der Wetterseite oder auf zwei Seiten auf. Dazwischen platziert man die Pflanzen, die so vor Wind und zu starker Sonne geschützt sind.

Alle Schutzmaßnahmen dürfen jedoch die Pflanzen nicht luftdicht abschließen. Bei strengem Frost ist auch bei winterharten Gehölzen in Kübeln der Wurzelbereich gefährdet. Kleinere Gefäße stellt man einfach in eine Holzkiste mit trockenem Laub. Größere Kübel umwickelt man mit Luftpolsterfolie oder Sackleinen. Wichtig: Auch im Winter muss der Wurzelballen feucht gehalten werden!

MEIN TIPP

Immergrüne Gewächse wie der Buchsbaum geben auch im Winter Feuchtigkeit über ihre Blätter ab. Ist der Boden im Topf gefroren, können die Wurzeln kein Wasser aufnehmen. Um Trockenschäden zu vermeiden empfiehlt es sich deshalb, immergrüne Kübelpflanzen gelegentlich an frostfreien Tagen zu gießen.

Der Winterschutz aus braunen Jutesäcken bildet einen hübschen Kontrast zu den Buchspflanzen.

WEIHNACHTSZEIT AUF DEM BALKON

Gerade in der Weihnachtszeit möchte man die Wohnung und alles, was dazugehört, weihnachtlich – vor allem mit Lichtern – schmücken. Auch die richtige Balkon- und Terrassenbeleuchtung sorgt in der Vorweihnachtszeit für Stimmung und dekorative Lichtakzente. Gibt es draußen keinen Stroman-schluss, kann man mit Solarlampen Abhilfe schaffen. Einige Stunden Sonne am Tag genügen, und Balkon und Terrasse leuchten am Abend mit den Sternen um die Wette. Eine etwas dezentere und wärmere Beleuchtung erreicht man ganz einfach mit Kerzen in verschiedenen Größen, die man in Windlichter stellt. Lichterketten lassen sich überall am Balkongeländer, auf dem Boden und zwischen den Winterpflanzen anbringen, sie können in die Weihnachtsdekoration miteinbezogen werden.

Winterlicher Pflanzenschmuck

Ist der Balkon überdacht und somit vor Wind und Wetter geschützt, lassen sich auch noch andere Dekorationen anbringen. So kann zum Beispiel ein hübsches weihnachtliches Gesteck den Balkontisch schmücken. Und wer im Wohnzimmer keinen Platz für einen Christbaum hat, stellt einfach draußen einen Tannenbaum auf – selbstverständlich leicht erhöht, damit er gut sichtbar ist – und schmückt ihn weihnachtlich. Besonders stimmungsvoll wird die Atmosphäre, wenn der Baum von einer weißen Schneehaube geziert wird.

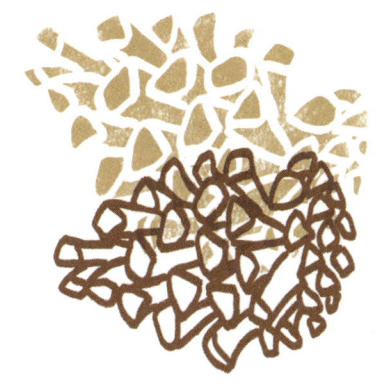

Weihnachtliche Vorfreude statt Winterblues: Ein Adventsgesteck aus Tannenzapfen und -zweigen, Zieräpfeln und Christbaumkugeln ziert den Tisch auf der Terrasse.

A

Abutilon ssp. 28
Acer palmatum 134
Agapanthus-Hybriden 28
Allium schoenoprasum 113
Aluminiummöbel 19
Anemone 26, 60
Anemone blanda 26, 60
Anethum graveolens var. hortorum 113
Anisodontea capensis 28
Argyranthemum frutescens 28
Aristolochia macrophylla 14
Australisches Gänse- blümchen 26, 27

B

Bartblume 28
Basilikum 115
Bellis perennis 61
Bepflanzung 34
Bienenfreund 91
Blaue Mauritius 26, 27
Blauregen 14, 15, 89
Bodenbelag 16
Bodendeckerrosen 68
Bougainvillea 28, 81
Bougainvillea-Hybriden 28
Brachyscome iberidifolia 26
Brombeere 102
Brugmansia ssp. 28
Buchs 121

C

Calluna vulgaris 138
Campsis radicans 14
Capsicum annuum 108
Caryopteris × clando- nensis 28
Cestrum ssp. 28
Chinesischer Roseneibisch 28
Christrose 138
Clematis 14, 127
Clematis-Hybriden 28
Cobaea scandens 14

Convolvulus sabatius 26
Coreopsis tripteris 96
Cotoneaster 135
Crocus neapolitanus 59
Cucumis sativus 109
Cucurbita pepo 109

D

Dill 113
Duftrosen 69
Duftsteinrich 89
Duftwicke 14, 15
Düngen 42

E

Echinacea purpurea 96
Echte Feige 81
Eichhornia crassipes 75
Einheitserde 34
Eisenmöbel 20
Elfenspiegel 26, 86
Engelstrompete 28, 87
Erdbeere 101, 103
Erica carnea 26, 138
Erythrina crista-galli 28

F

Fächerahorn 134
Fächerblume 26, 27
Fächerpalme 80
Fallopia baldschuanica 14
Federborstengras 99
Feuerdorn 134
Ficus carica 81
Flammenblume 97
Flieder 62
Fliesen 16
Forsythia × intermedia 63
Forsythie 63
Fragaria × ananassa 103
Fuchsia-Hybriden 26
Fuchsie 26, 123
Funkie 123, 131

G

Gaslampen 18
Gaultheria procumbens 138
Geißblatt 14, 15
Glockenblume 92
Glockenrebe 14

Granatapfel 77
Gräser 94
Gurke 109

H

Hammerstrauch 28
Hebe-Andersonii- Hybriden 28, 135
Helenium 97
Heliotropium arborescens 26, 70, 86, 89
Helleborus niger 138
Heidekraut 138
Hibiscus rosa-sinensis 28
Hochstamm-Rosen 69
Hohes Mädchenauge 96
Holzfliesen 16
Holzkästen 32
Hortensie 28, 124
Husarenknopf 26, 27
Hydrangea anomala ssp. petiolaris 14
Hydrangea macrophylla 28

I/J

Ipomoea tricolor 14
Jasminum nudiflorum 14
Johannisbeere 102

K

Kapkörbchen 26, 27
Kapmalve 28
Kapuzinerkresse 93
Kissenprimel 61
Kletterhortensie 14
Kletterrosen 69
Klimabedingungen, regional 10
Korallenstrauch 28
Korbmöbel 19
Krankheiten und Schäd- linge bekämpfen 49
Kreppmyrte 28
Krokus 59
Kübelpflanzen schneiden 44
Kübelpflanzen über- wintern 46
Kumquat 78
Kunstrasen 16
Kunststoffgefäße 32

L

Lagerstroemia indica 28
Lampenputzergras 95
Lathyrus odoratus 14, 86
Lavandula angustifolia 28, 89
Lavendel 28, 89
LED-Leuchten 17
Licht 17
Lichterkugeln 17
Lobelia erinus 26
Lobularia maritima 86, 89
Lonicera-Arten 14
Lycopersicon esculentum var. esculentum 109

M

Majoran 114
Mandarine 78
Männertreu 26
Markisen 12
Maßliebchen 61
Mentha × piperita 112
Metallgefäße 33
Miniteich anlegen und bepflanzen 73
Möbel 19
Muscari ssp. 26

N

Narcissus 58
Narzisse 58
Nemesia-Hybriden 26
Nerium oleander 28, 76, 81
Nordbalkon 12, 125
Nymphaea tetragona 75

O

Ocimum basilicum 115
Olea europaea 81
Oleander 77, 81
Olive 76, 81
Origanum majorana 114
Ost-/Westbalkone 11
Osteospermum ecklonis 26

P

Pampasgras 99
Paprika 108
Passiflora ssp. 28
Passionsblume 28

Pelargonie	26	
Pelargonium-Hybriden	26	
Petersilie	112	
Petroselinum crispum	112	
Petunia-Hybriden	26	
Petunie	26	
Pfefferminze	112	
Pfeifenwinde	14	
Pflanzenauswahl	11	
Pflanzenschutz	48	
Pflegefehler und Ursachen	48	
Phlox paniculata-Hybriden	97	
Primel	26, 32	
Primula ssp.	26	
Primula vulgaris	61	
Prunkwinde	14, 15	
Prunus	62	
Pyracantha coccinea	134	

R

Radieschen	107
Rechtsfragen	20
Rhododendron	63

Ribes rubrum, R. *nigrum*	102
Ribes uva-crispa	103
Roter Sonnenhut	96
Rubus Sect. *Rubus*	102

S

Salbei	115
Salvia officinalis	115
Sanvitalia procumbens	26
Scaevola saligna	26
Scheinbeere	137, 138
Schlingknöterich	14
Schmuckkörbchen	90, 92
Schmucklilie	28, 29
Schneeheide	26, 138
Schnittlauch	113
Schönmalve	28, 29
Sichtschutz	13
Solarlampen	18, 141
Sommerpflege	43
Sonnenblume	92
Sonnenbraut	97
Sonnenschirme	12
Sonnensegel	12

Spalierbirne	100
Spaliere	13, 100
Stachelbeere	103
Standort	11
Steingitterwände	13
Stiefmütterchen	61
Strauchveronika	28, 135
Strauchmargerite	28, 29
Strauchrosen	68
Substrat	34
Südostlage	11
Südwestlage	11
Syringa	62

T

Terrakotta-Gefäße	33
Thymian	114
Thymus vulgaris	114
Tomate	109
Transport	25
Traubenhyazinthe	26, 59
Trompetenblume	14
Tropaeolum-Hybriden	26
Tulipa-Hybriden	58
Tulpe	58

V

Vanilleblume	26, 89
Viola wittrockiana	61

W

Waldrebe	14, 28
Wasserhyazinthe	75
Werkzeug und Zubehör	30
Winterjasmin	14
Winterpflege	47, 71, 101
Wisteria sinensis	14, 89

Z

Zierkirsche	62
Zierkürbis	104
Ziertabak	87
Zinnia elegans	26
Zinnie	26
Zitrone	78, 88
Zucchini	109
Zwergmispel	135
Zwergrosen	68
Zwerg-Seerose	75
Zylinderputzer	36, 77

BILDNACHWEIS

Der Verlag dankt folgenden Personen und Organisationen für die freundliche Genehmigung zum Abdruck der Abbildungen:

l=links, r=rechts, M=Mitte, o=oben, u=unten

Anderson, Peter © Dorling Kindersley: 15 r.u., 42, 48, 51 u., 52 l.u., 78 (2), 79 l., 105 l., 106, 107 r., 116 (2), 117, 125
Brown, Deni © Dorling Kindersley: 29 r.o.
Heap, Will © Dorling Kindersley: 21, 49 (2), 51 o., 118 (2), 119
Merrell, James © Dorling Kindersley: 2
North, Brian © Dorling Kindersley: 13 u., 36 l., 37 (3), 52 l.M., 84, 85 l.
Patterson, Debbie © Dorling Kindersley: 6, 132 r.
Rice, Howard © Dorling Kindersley: 15 l.u.
Smith, Roger © Dorling Kindersley: 15 r.o., 63 u.
Steinberger: 11 (6), 12, 15 l.o., l.M., 16 (2), 17 (2), 18 u., 19 (2), 20, 24, 25, 27 (6), 29 (3), 31 l.u., 32 (2), 33 (2), 34 l., 36 r., 40, 41 o., 47 r., 52 r., 56, 57 (2), 58 (2), 59 (2), 60, 61 (3), 62 (2), 63 o., 64 (2), 65 (3), 66, 67, 69 (2), 70, 71 l.o., 72, 75 (2), 77 (2), 79 r., 80 (2), 81 (4), 82, 83, 85 r., 87 (3), 88, 89 (3), 90, 91, 92 l.o., l.u., 93 (2), 94, 95, 96 (2), 97 (2), 99 (2), 100, 102 (2), 103 (3), 104, 107 l., 108, 109 (3), 112 (2), 113 (2), 114 (2), 115 (2), 121 u., 123 r., 124, 126, 127 u., 128 (2), 129 (2), 133 (2), 134 (2), 135 (2), 136, 138 (4), 139 (2), 140, 141
Strauß: 10, 13 o., 18 o., 30, 31 l.o., 34 r., 35 (2), 41 u., 43 (3), 45 (3), 46, 47 l., 68, 71 l.u., r., 73, 74, 76, 86, 89 r.u., 92 r.u., 98, 101, 105 r., 110, 111, 121 l.o., r.o., 122, 127 o., 130, 132 l., 137
Winwood, Mark © Dorling Kindersley: 50, 123 l.
Alle Hintergrundbilder: 123RF

Cover
Fotos: Vorn: Steinberger (o), Strauß (M., u.); Hinten: Strauß (r.o.), Steinberger (l.o., u.); Hintergrundbild: 123RF
Illustrationen: Silke Klemt

© Dorling Kindersley Verlag GmbH, München, 2017
Ein Unternehmen der Penguin Random House Group
Alle Rechte vorbehalten

Lektorat Christine Ritter
Cover- und Innengestaltung, Typografie, Realisation, Illustration Silke Klemt

Für den DK Verlag:
Programmleitung Monika Schlitzer
Redaktionsleitung Caren Hummel
Projektbetreuung Manuela Stern
Herstellungsleitung Dorothee Whittaker
Herstellung Christine Rühmer
Herstellungskoordination Katharina Schäfer

ISBN 978-3-8310-3183-2

Repro Farbsatz, Neuried/München
Druck und Bindung TBB, Slowakei

Besuchen Sie uns im Internet
www.dorlingkindersley.de

Hinweis
Die Informationen und Ratschläge in diesem Buch sind von der Autorin und vom Verlag sorgfältig erwogen und geprüft, dennoch kann eine Garantie nicht übernommen werden.
Eine Haftung der Autorin bzw. des Verlags und seiner Beauftragten für Personen-, Sach- und Vermögensschäden ist ausgeschlossen.

GRÜNER DAUMEN IM HANDUMDREHEN

LUST AUF GARTEN
16,95 € (D) 17,50 € (A)
ISBN 978-3-8310-3014-9

GROSSE ERNTE AUF KLEINSTEM RAUM
16,95 € (D) 17,50 € (A)
ISBN 978-3-8310-2989-1

KREATIVE PFLANZIDEEN
19,95 € (D) 20,60 € (A)
ISBN 978-3-8310-2764-4

WELCHE PFLANZE WÄCHST WO?
34,95 € (D) 36,00 € (A)
ISBN 978-3-8310-2647-0

Weitere großartige Bücher finden Sie unter **www.dorlingkindersley.de**